MU SA DO

MU SA DO

무사도

MILITÄRISCHES
NAHKAMPFSYSTEM

Herbert Grudzenski

DE KRIJGER

BOEKHANDEL & ANTIKWARIAAT

KEPPESTRAAT 30
9320 EREMBODEGEM
053 / 79 02 15

© 1991 by Karl-Heinz Dissberger
Verlag: Karl-Heinz Dissberger, 4000 Düsseldorf 13
Printed in West Germany
ISBN 3-924753-33-4
Umschlagfotos: Torsten Verhülsdonk

Die Kunst des MU SA DO ist wie der Streich
des Schwertes.

General KIM YOO SHIN lehrte uns dies als
Kriegskunst.

Wer einen einzigen Schlag der Hände über-
sieht, wird enthauptet während eines Augen-
zwinkerns.

Mein Buch widme ich den Soldaten der Bundeswehr,
besonders denen, die vom Himmel fallen.

Glück ab,

Herbert Grudzenski

Inhalt

Die Geschichte des MU SA DO   1
1. Sado Mu Sul   1
2. Bulkyo Mu Sul   2
3. Koong Jong Mu Sul   2
Warum wurde die WMA-Studiengruppe militärischer Nahkampf gegründet   5
Neue Nahkampfausbildung bei der Bundeswehr   7
– Psychologische Rahmenbedingungen   7
– Überlegungen zur Taktik   8
MU SA DO Nahkampflehrgang in Fürstenau   15
Das MU SA DO Military Combat System   17

Lehrgangsstufe I – Waffenlose Selbstverteidigung   22
Taeryon Sogi – Die Kampf- und Verteidigungsstellung   23
Nak Bop – Fall- und Abrollübungen   24
– Die Fallrolle vorwärts   24
– Die Fallrolle rückwärts   26
– Die Fallrolle seitwärts   27
– Verteidigung gegen Zufassen   28
– Verteidigung Würgegriff vorne   29
– Verteidigung Würgegriff von hinten   30
– Verteidigung gegen Würgegriff von hinten mit Unterarm würgen   31
– Verteidigung gegen Fußtritt   32
– Befreiung aus Schwitzkasten   33
– Befreiung aus Genickhebel   34
– Befreiung aus Umklammerung (von hinten unter den Armen)   35
– Befreiung aus Umklammerung (von hinten über den Armen)   36
– Befreiung aus Umklammerung (von vorne unter den Armen)   37
– Befreiung aus Umklammerung (von vorne über den Armen)   38
– Selbstverteidigung gegen Würgegriff von hinten mit Waffe   39
– Abwehr mit dem Koppel   40
– Befreiung aus Umklammerung und Würgegriff in der Boden-Rückenposition   42

Lehrgangsstufe II – Kampf- und Verteidigungstechniken mit dem Schlagstock   43
– Schlagtechnik mit Combatstick   44
– Schlagtechnik mit Combatstick   45
– Schlagtechnik mit Combatstick   46
– Schlagtechnik mit Combatstick   47
– Abwehr gegen Spatenschlag, Stockschlag, Gewehrschlag   48

– Spatenabwehr mit Combatstick   50
– Spatenabwehr mit Combatstick   51
– Spatenstichabwehr mit dem Combatstick   52

Lehrgangsstufe III – Messerabwehr   53
Grundsätze zur Messerabwehr   54
– Abwehr Messerstich von unten   56
– Abwehr Messerstich von oben   57
– Abwehr eines Messer-Frontalstiches   58
– Messerabwehr mit Spaten   59
– Bajonett-Abwehr   60
– Messerabwehr mit Combatstick   62

Lehrgangsstufe IV – Messerkampf und Kommandotechniken   65
– Überwältigung eines Wachpostens   66
– Kommandotechnik mit Combatstick   67
– Kommandotechnik mit Combatstick   68
– Kommandotechnik mit Combatmesser   69
– Überwältigung eines Wachpostens   70
– Überwältigung eines Wachpostens mit Hilfe der Combatschlinge   71
– Überwältigung eines Wachpostens   72
– Überwältigung eines Wachpostens   73
– Messerkampf   74
– Messerkampf   75
– Messerkampf   76
– Messerkampf   77
Ausbildung auf der Nahkampfbahn   78
Sicherheitsbestimmungen für die Ausbildung im Nahkampf   79
Wo kann man das MU SA DO Military Combatsystem lernen?   80
Epilog   81

Über den Autor:

Herbert Grudzenski, der Begründer des modernen *MU SA DO Military Combat Systems* gilt in Fachkreisen als einer der besten Nahkampf-Experten.

Er war bereits in den Jahren 1967/68 Soldat im Fallschirmjägerbataillon 313 in Wildeshausen (Nord-Deutschland). Seine Ausbildung zum Fallschirmjäger und Bundeswehr-Einzelkämpfer erhielt er an der Luftlande- und Lufttransportschule in Altenstadt bei Schongau (Oberbayern), also an jener berühmten NATO-Schule, die aus jungen Soldaten Fallschirmjäger macht, die Unteroffiziere der Fallschirmtruppe ausbildet, Kampf-Piloten aufs Überleben trimmt und Einzelkämpfer aus allen Bereichen der Bundeswehr für besondere Aufgaben und Einsätze schult und auf Härte und den Willen zum Durchhalten trainiert werden. Ein Basislehrsatz dieser Schule war es: *Wer diese Ausbildung übersteht, der übersteht alles in seinem Leben!*

An dieser Schule trainierte er auch mit französichen und amerikanischen Elitesoldaten und absolvierte neun Fallschirmabsprünge, darunter auch zwei Absprünge in der Nacht.

Herbert Grudzenski war bereits vor seiner Einberufung in die Bundeswehr ein Meister (Träger des schwarzen Gürtels) im Judo und Jiu-Jitsu.

1969, nach seiner Bunderswehrzeit, eröffnete er in Castrop-Rauxel (Nordrhein-Westfalen) seine Kampfsportschule für asiatische Kampfkunstarten und lernte seinen koreanischen Lehrer, Großmeister *Kang Byung Soon* kennen. Mit diesem Meister lebte und trainierte er sechs Jahre (von 1969 bis 1974) zusammen. Meister Kang nahm ihn als seinen ersten und einzigen Schüler an und unterrichtete ihn in uralter koreanischer Kampfkunst.

Herbert Grudzenski, der von seinem Lehrer den Titel eines *SULSA* (Großmeister und Lehrer aller koreanischen Kampf- und Kriegskünste) verliehen bekam, brauchte bisher 20 Jahre seines Lebens, um die 4000 Kampftechniken zu üben und zu ordnen und um ein geschlossenes Nahkampfsystem zu entwickeln.

Seither wird MU SA DO "der Weg des koreanischen Kriegers" von *Herbert Grudzenski* und seinen besten Meisterschülern weltweit gelehrt.

Als wesentlich wird hervorgehoben, daß das Nahkampfsystem MU SA DO von Meister *Herbert Grudzenski* eigenständig geschaffen wurde. Grundlagen oder Herleitung aus anderen asiatischen Kampfsystemen wird strikt zurückgewiesen. In anderen Institutionen praktizierte Techniken oder Übungen gleichen Namens müssen inhaltlich hiermit nicht übereinstimmen. Es wird darauf verwiesen, daß alle Stellungen, Bewegungen und Kampftechniken im praktischen Kampf entstanden sind und durch die WMA – World MU SA DO Association – einer ständigen Überprüfung und dynamischen Weiterentwicklung unterliegen. Die Bezeichnung MU SA DO ist geschützt. Unterricht in dieser Nahkampfkunst dürfen nur durch die von der WMA autorisierten MU SA DO-Instructoren geben.

Die Geschichte des MU SA DO

Der Kampf ist so alt wie die Menschheit selbst, denn Leben dürfen heißt auch immer kämpfen müssen. Jedes Lebewesen verfügt über einen ausgeprägten Selbsterhaltungstrieb, um sich oder seine Art zu schützen. Dadurch reichen die Wurzeln der Kampfkünste bis in die nebelhafte Vergangenheit und zu den ersten Tagen der Existenz des Menschen zurück.

Wenn jedoch vor Tausenden vor Jahren ein Urmensch dem anderen durch besonders wirksame Schläge oder Tritte überlegen war, oder seine Keule besser zu schwingen vermochte, so heißt das noch lange nicht, daß dies bereits eine ausgeklügelte und ausgeprägte Kunst des Zweikampfes war, oder bereits einen speziellen Kampfstil darstellte.

Kampftechniken in der Art, in welcher man seinen Gegner schlagen, treten, werfen, würgen oder hebeln konnte, entwickelten sich überall auf der Welt und waren bei allen Völkern bekannt. Aber nur in Asien wurden die einzelnen Kampftechniken zu wirklichen, wahrhaftigen Kampfkünsten weiter entwickelt.

Die Entwicklung und Ausprägung der koreanischen Kampfkünste ist eng mit der Geschichte Koreas verbunden. Es soll aber an dieser Stelle unbedingt darauf aufmerksam gemacht werden, daß die Historiker der Gegenwart die geschichtliche Entwicklung der koreanischen Kampfkünste außer acht gelassen haben und zwar als Folge ihres mangelnden Verständnisses von Mu Sul (kriegerischen Kampftechniken), die bis zu 2.000 Jahre zurückliegen und wie fast alle übrigen koreanischen Kampftechniken der Vergangenheit, im heutigen Korea praktisch ausgestorben sind.

In Grunde gibt es heute nur noch wenige Menschen, die Überlieferungen von Kampfkünsten aus längst vergangenen Zeiten bewahrt haben, die die Mehrzahl des koreanischen Volkes schon längst vergessen hat. Das gegenwärtige Korea ist vergleichbar mit einer Zwiebel, deren äußere Schalen man abschälen muß, will man zu dem Kern der koreanischen Kampfkünste vordringen.

Diesen Kern, der das kulturelle Erbe der koreanischen Kampfkünste, ohne die geschichtliche Verfälschung, beinhaltet, kann man nur dann finden, wenn man die Außenhaut amerikanischen Einflusses abschält, die darunter befindliche japanische Haut entfernt, um dann noch letztendlich den chinesischen Einfluß abzuhäuten. Wenn dies also so geschehen ist, offenbart sich Mu Sul, uralte koreanische Kampfkunst.

Mu Sul (allgemeine Kampf- und Kriegskunst) ist in Korea seit altersher bekannt. Traditionelle Kampfkünste können in Korea zurückverfolgt werden bis zu Sam Guk, den "Drei Königreichen" Koguryo, Baekje und Silla (siehe Abb. folgende Seite) − die von 57 v. Chr. bis 668 n. Chr. bestanden haben.

Bereits zu dieser Zeit wurden die in den Kriegen Koreas mit seinen Nachbarvölkern entstandenen Kampfmethoden von einzelnen Personen und Familien weiter entwickelt, und zwar nicht nur zum Zweck der Selbstverteidigung, sondern auch zur Erhaltung der Gesundheit von Körper und Geist, sowie zur Erlangung eines inneren harmonischen Gleichgewichts.

Die geschichtlichen Wurzeln des MU SA DO reichen bis in das Jahr 420 zurück, als die Koreaner sich noch mit Su Bak und Kwon Bup (einer sehr alten Form des Hand- und Fußkampfes) beschäftigten. Die unterschiedlichsten Elitegruppen von koreanischen Königen, Adligen, Rittern übten sich ebenso systematisch in der Verbesserung ihrer Kampfmethoden wie ihre Gegner, Bauern, Sklaven oder auch die Mönche.

So entstanden über einen Zeitraum von mehr als 2.000 Jahren in Korea drei bedeutende Kampfkunstrichtungen mit einer Vielzahl von Kampftechniken und einige wenige Kampfkunstmeister haben es sich zur Lebensaufgabe gemacht, diese Kampftechniken zu rekonstruieren.

1. Sado Mu Sul

bezeichnet die Kampfkünste, die vom 'einfachen' koreanischen Volk in den Sippen und Familien-Clans zur Selbstverteidigung und zum Schutz vor räuberischen Überfällen entwickelt worden sind. Da das einfache Volk keine kriegeri-

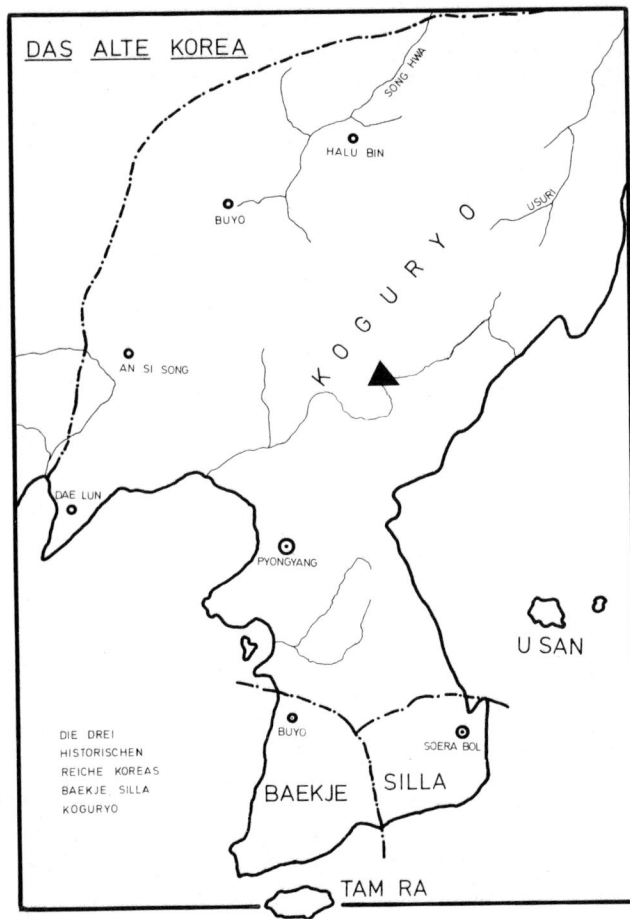

Das alte Korea

schen Waffen wie z. B. das Schwert besitzen durfte, entstanden zumeist waffenlose Kampftechniken wie z. B. Kwon Bup (Faustkampf), Su Bak (Handkampf, der Gegner wurde mit steinharten Handkantenschlägen zu Boden gestreckt, Tae Kyon (Fußkampf, ein früher Vorläufer des heute populären Tae Kwon-Do).

Sado Mu Sul bezeichnet aber auch das Kämpfen mit 'primitiven' Waffen wie z. B. mit Steinen oder einfachen Holzknüppeln, bzw. auch mit den Arbeitsgeräten der Handwerker, die ebenfalls der unteren Gesellschaftspyramide Koreas angehörten. Die Sado Mu Sul Kampftechniken wurden innerhalb der Familien-Clans streng geheimgehalten.

2. Bulkyo Mu Sul

bezeichnet die Kampfkünste der koreanischen buddhistischen Mönche. Da es den Mönchen aufgrund ihrer Religion (Buddhismus) verboten war, Leben zu nehmen, entwickelten sie zu ihrem Schutz Selbstverteidigungstechniken, mit denen man einen angreifenden Gegner abwehren und unter Kontrolle bringen konnte, ohne ihn zu töten.

Die Mönche, die im Jahre 372 n. Chr. durch eine kulturelle Invasion von China nach Korea, später nach Japan gingen, entwickelten in harter und selbstentsagender Disziplin einmalige Heil- und Kampfkünste. Die hohen geistigen Erkenntnisse und insbesondere die 'Son'-Lehre von der Reinigung des Geistes durch Meditation flossen in die verschiedenen Künste ein und wurden zu deren Grundlage. So begann im Korea des 4. Jahrhunderts eine Blütezeit der Malerei, der Architektur, der Schreibkunst, der Dichtung – und auch der Kampfkunst.

Bulkyo Mu Sul zeichnet sich durch seinen rein defensiven Charakter aus. Einzig und allein aus der einmaligen Verbindung Buddhismus, religiöses Seinverständnis und der daraus resultierenden Fähigkeit zur absoluten Geist-Körper-Harmonie entwickelten die Mönche Haengson (esoterische Übungen), Chim Goo Sul Bup (Akupressurtechniken auf Nervensynapsen, mit denen man einen Gegner lähmen konnte, Mok Sul (Hebeltechniken, ausgeführt zu 80 % an den schmerzempfindlichen Handgelenken) oder Bong Sul (Stockkampftechniken mit Wanderstäben).

3. Koong Jong Mu Sul

bezeichnet die Kampf- und Kriegskünste der königlichen

General Kim Yoo-Shin bei der Eroberung der drei koreanischen Königreiche im Jahre 668 nach Chr.

Koreanische Krieger beim Kampf um Baekje im Jahre 600 nach Chr.

Familie, des Adels und der koreanischen Ritter. Während der Regentschaft von Chin Hung (dem 24. König der Silla-Dynastie) entstand im Jahre 563 n. Chr. in Korea eine Ritterkaste, die sich Hwa Rang ʻDie blühenden Ritter' nannten und den japanischen Samurai vergleichbar war.

An der Entstehung dieser Ritterkaste, deren Mitglieder sich aus den jungen Prinzen der königlichen Familie und der Adels- und Gelehrtenschicht zusammensetzte, war eine sehr energische Prinzessin mit dem Namen Wonhoa maßgeblich beteiligt. Prinzessin Wonhoa war die erste Anführerin dieser Gruppe.

Auch nach dem Tod dieser Prinzessin wurden die Hwa Rang noch eine Zeitlang von Frauen geführt. Im Jahre 598 n. Chr. ging die Führerschaft dann zwar an die Männer über, aber es wurde sehr streng darauf geachtet, daß für diese Positionen nur loyale, mutige, hochgeachtete und zudem auch noch körperlich wohl gebildete Persönlichkeiten ausgesucht wurden, die ihre stattliche Erscheinung auch noch durch sorgsam ausgewählten Schmuck unterstrichen. Diese Betonung der körperlichen Schönheit galt jedoch nur als Symbol für das angestrebte Ideal einer körperlich-seelischen Harmonie, zu der Charaktertugenden und Intelligenz gehörten.

Die Ausbildung der jungen Ritter war nicht nur körperlich und militärisch, sondern auch geistig und ethisch, bis hin zur Kunst und Literatur. Die Hwa Rang studierten Geisteswissenschaften und übten sich in den Kampfkünsten des

Koong Jong Mu Sul in den folgenden Waffenkampf-Disziplinen: Schwertkampf Lanzenkampf und Bogenschießen.

Die Kampfkunst Koong Jong Mu Sul, die von den koreanischen Hwa Rang betrieben wurde, zeichnete sich also hauptsächlich durch die meisterliche Handhabung verschiedener ritterlicher Waffen aus. Die koreanischen Hwa Rang waren ebenso wie die japanischen Samurai nicht wegen ihrer grundlegenden Kenntnisse in der waffenlosen Selbstverteidigung bekannt, sondern wegen ihrer excellenten Kenntnisse auf dem Sektor des Schwertkampfes.

Im Jahre 668 n. Chr. gelang es dann den Hwa Rang mit Hilfe chinesischer Truppen, die drei koreanischen Königreiche zu einem großen Land (Koryo) zu vereinen.

Kampftechniken aus dem Hintergrund dieser drei vorgenannten bedeutenden koreanischen Kampfkunstrichtungen sind im MU SA DO aufgenommen worden und bilden die feste Grundlage dieses Selbstverteidigungssystems.

Aber während das traditionelle MU SA DO das Erbe der Kampftechniken der Krieger länst vergangener Zeiten weitergibt, wurde mit dem modernen MU SA DO Military Combat System eine besonders für die militärische Ausbildung geeignete Variante der alten Kampfkunst entwickelt.

Warum wurde die WMA-Studiengruppe militärischer Nahkampf gegründet?
Lagefeststellung

Feindlage:

Der Warschauer-Pakt verfügte seinerzeit bekanntlich über eine Überlegenheit im konventionellen Bereich von 4 : 1. Er bildete seine Soldaten hochintensiv aus. Hauptkampfart war der Angriff. Wie wir wissen, war das physische Training Schwerpunkt der Ausbildung. Nach sowjetischen Dienstvorschriften mußten im Stundenansatz jede Woche (60-Std-Woche) im Dienstplan 15 Stunden (!) "Kampftraining" durchgeführt werden. Nachweislich führten aber die Mot-Schützenregimenter zehn Stunden reines Close-Combat-Training durch.

Eigene Lage:

Hauptkampfart der NATO ist die Verteidigung. Das bedeutet, in unserem Land einen Aggressor zu stoppen und ihn über unsere Grenzen zurückzutreiben. Das bedeutet ferner: Kampf in Wäldern und um Ortschaften, d.h.: Nahkampf. Die Bundeswehr hat bisher für den "durchschnittlichen" Soldaten keine spezielle Ausbildung im Militärischen Nahkampf vorgesehen. Die Bundeswehr bildet nur Einzelkämpfer gemäß ZDv (Zentrale Dienstvorschrift) aus. Im sogenannten GAP (Gesamt Ausbildungs Plan) ist hierfür nur Zeit im Rahmen der ergänzenden Ausbildung vorgesehen. Diese ergänzende Ausbildung wird aus Zeitmangel und weil sie nicht Pflichtprogramm ist, in vielen Infanterie-Einheiten nicht durchgeführt.

Lagebeurteilung:

Es besteht kein Zweifel darüber, daß die deutschen Soldaten in einem we-sentlichen Teil ihrer Kampfausbildung erhebliche Lücken aufweisen.

Schlimm ist, daß die Männer sich dieses Mangels auch bewußt sind. In Gesprächen zeigt sich, daß viele Soldaten die Bundeswehr Nahkampfausbildung machen möchten, was dienstlich aber (noch?) nicht möglich ist. Im außerdienstlichen Bereich aber werden nur die klassischen Kampfsportarten (Judo, Karate, Tae Kwon-Do) angeboten, die aber für den Überlebenskampf eines Soldaten denkbar ungeeignet sind. Auch wäre eine Ausbildung in diesen Sportarten viel zu aufwendig und bis zum Erreichen des *Combat Ready* viel zu lange dauernd, da das Erlernen einer solchen Kampfsportart ein etwa zwei- bis dreimaliges wöchentliches regelmäßiges Training über einen Zeitraum von zwei bis drei Jah-

WMA-Nahkampfausbildung bei der 5./JgBtl (MTW) 522 in Fürstenau

ren erfordert, um sich einigermaßen wirksam verteidigen zu können. Auch muß hier die normale Dienstzeit eines Soldaten, derzeit zwölf Monate, berücksichtigt werden.

Erforderliche Maßnahmen:

Es muß den jungen Männern die Möglichkeit gegeben werden, in relativ kurzer Zeit ein auf die Bedürfnisse des Soldaten zugeschnittenes Nahkampf-Wissen zu erlernen. Grundlage dabei muß zwingend das gültige Programm der Zentralen Dienstvorschrift der Bundeswehr sein.

Die Studiengruppe Militärischer Nahkampf der WMA (World MU SA DO Association) hat darum das MU SA DO Military Combat System konzipiert, welches von den Soldaten einfach erlernbar ist und besonders auf die Bedürfnisse des gefechtsmäßig ausgerüsteten Soldaten und die für die Ausbildung verfügbare Zeit abgestimmt wurde.

Neue Nahkampfausbildung bei der Bundeswehr

Nachdem in der Vergangenheit die Nahkampf-Ausbildung bei der Bundeswehr Gegenstand heftiger Diskussionen war, erscheint es sinnvoll, aus den psychologischen und taktischen Grundlagen des Zweikampfes im Kriege Forderungen für Bestandteile eines zweckmäßigen, neuen Nahkampfsystems abzuleiten.

Psychologische Rahmenbedingungen

Gefechtseindrücke wie:
- tosender Gefechtslärm
- Trefferwirkungen in unmittelbarer Nähe
- Schreie der Verwundeten
- optische Schockwirkung durch massives Auftreten feindlicher Panzer und Soldaten

bestimmen wesentlich die geistige Verfassung des Soldaten während des Kampfes. Nach Dinter (Held oder Feigling) kämpft der Soldat in erster Linie für sich und seine Gruppe. Das Vertrauen in die eigene und die Leistungsfähigkeit seiner Gruppe ist entscheidend für seinen Kampfwillen.

Dieses Vertrauen beruht bei Soldaten ohne Feuertaufe ausschließlich auf der Einschätzung der Güte seiner bisherigen Ausbildung. Wie gering aber muß dieses Vertrauen und somit sein Kampfwille sein, wenn er weiß, daß er für ein wesentliches Element des modernen Krieges, den Nahkampf, nicht oder nur unzureichend ausgebildet wurde.

Anders ist es auch kaum zu erklären, daß Absolventen der bisherigen Bundeswehr-Nahkampfausbildung in großer Zahl ihre Freizeit opfern, um ein einsatzorientiertes Nahkampfsystem, nämlich das MU SA DO Military Combat System zu erlernen.

Leider neigt ein Teil der militärischen Führung dazu, im Zeitalter fortschreitender Technisierung der Waffen und Waffensysteme, die Ausbildung des einzelnen Soldaten zu vernachlässigen.

Aus vielen Kriegen der Neuzeit ist bekannt, daß beim Kampf um Wälder und Ortschaften der Nahkampf und insbesondere der Zweikampf das prägende Element für Erfolg oder Mißerfolg ist.

Erfahrungen der letzten Kriege und hier besonders des Falkland- und des Ersten Golfkrieges haben gezeigt, daß mehr als 50% aller Gefechtshandlungen im Nahkampf entschieden wurden.

Nahkampfausbildung darf nicht Privileg der Kampftruppen sein. Partisanenkrieg und Luftlandungen als Bestandteil des modernen Gefechts bedrohen besonders Kräfte in der rückwärtigen Kampfzone.

Durch die Unübersichtlichkeit einer Gefechtssituation entsteht Nahkampf immer urplötzlich. Der Gegner ist unbekannt und hinsichtlich Stärke und Kampfwillen nicht einschätzbar. Nur eines ist absolut sicher: Innerhalb der nächsten zehn Sekunden wird einer der Kämpfer sterben.

Möchten Sie, lieber Leser, das sein? Beim Nahkampf geht es um Ihr Leben — und Sie haben nur dies eine.

Überlegungen zur Taktik

Rahmenbedingungen des Zweikampfes können sein:
- Ohrenbetäubender Lärm.
- Zeitmangel. (der nächste Gegner kann jeden Moment in den Kampf eintreten)
- Eingeschränkte Sichtverhältnisse durch:
  - Pulverdampf
  - Staub
  - künstlichen oder auch natürlichen Nebel
  - Dunkelheit
  - enge Raumverhältnisse in Stellungen, Häusern oder Walddickichten
  - umfangreiche, hinderliche und schwere Ausrüstung.

Welche Taktik aber ist beim Nahkampf zu verfolgen? Die Antwort findet man bei den Klassikern der Kriegsliteratur! So schreibt der koreanische General Har Jong Sool in seinem *Illustrierten Handbuch der koreanischen Kampf- und Kriegskünste* (1100 n. Chr.): "Benutze in einem Kampf alles, was zum Erfolg führt, ohne Rücksicht auf Deinen Gegner! Wenn Du mit dem Schwert nicht töten kannst, dann nimm ein Kissen und ersticke den Gegner!"

So schreibt der Schweizer von Schwendi 1552 in *Kriegsdiskurs*: "Wer sich nur auf die Verteidigung verlegt, hat viel zu verlieren und wenig zu gewinnen!"

Wenn aber die reine Selbstverteidigung nicht zum Erfolg führt, der ja allein das Überleben des Einzelnen im Nahkampf sichert, folgt man besser der Auffassung Mao Tse Tung's, "Die beste Verteidigung ist der Angriff!"

Für die Nahkampf-Ausbildung bedeutet dies: Das Ausweichen vor gegnerischen Angriffen muß aufhören, denn:
- wer einmal ausweicht (flüchtet), tut es immer wieder (psychologischer Nachteil)
- wer rückwärts geht, rennt gegen Hindernisse und stolpert darüber
- wer ausweicht, verliert Zeit! Ausweichen verlängert die Kampfphase und senkt die Überlebenschance.

Aus diesem Grund sind auch alle Techniken des MU SA DO Military Combat Systems so konzipiert worden, daß man seinen Gegner in zehn Sekunden (!) kampfunfähig gemacht hat. Das bedeutet:
- zwei Sekunden: Feind erkennen.
- sechs Sekunden: Zweikampf und Sieg
- zwei Sekunden: Orientieren und Luftholen.

Einschränkungen durch Raum- und Sichtverhältnisse sowie hinderliche Ausrüstung lassen sich n u r durch Angriff 'in den Gegner hinein' zu Gunsten des Verteidigers nutzen:

Die Entfernung zwischen Soldat und Feind muß zur Beschleunigung des eigenen Körpers genutzt werden. Gewicht und Geschwindigkeit machen den Körper zur Waffe. (!) Wer einmal einen leichten Fußball mit voller Wucht in die Genitalien bekommen hat, weiß sicher, was gemein ist.

Ziel muß es sein, den Rat Friedrich des Großen von 1775 zu befolgen: "Haltet an dem Grundsatz fest, die Offensive an Euch zu reißen, sobald die Gelegenheit sich bietet." Nur wer die Initiative ergreift, kann sein Leben retten!

Der Autor und Hauptmann Max Manroth bei einem Kund-
schafterlehrgang. Achtung! Scharfschütze!

Welche Forderungen leiten sich aus dem bisher Gesagten
für eine moderne einsatznahe Nahkampf-Ausbildung ab?
1) Die Block- und Kontermethode, wie sie im Karate, Tae
   Kwon-Do, Kung-Fu usw. praktiziert wird, ist für den
   Zweikampf im Krieg untauglich.
2) Es dürfen nur wenige, einfache und miteinander kombinierbare Techniken gelehrt werden.
3) Das Prinzip der Gleichzeitigkeit von Abwehr und Angriff muß gewahrt bleiben.
4) Jede Technik muß mit voller Gefechtsausrüstung aus-
   führbar sein.
5) Es ist allen Kampfsystemen zu mißtrauen, die viele für alles passende Techniken anpreisen. Erstens dauert das
   Erlernen dieser vielen Techniken zu lange und zweitens
   hat man im Kampf nicht die Zeit, sich den passenden
   'Trick' auszusuchen. Bis Ihnen der einfällt, sind Sie tot.
Jeder, der asiatische Kampfsportarten betreibt, sollte das
von ihm bevorzugte Kampfsportsystem an diesen Kriterien
messen. Wer heute eine wirksame Kampfkunst lernen
möchte, der muß zwei Dinge tun:
1) Die beste Kampfkunst suchen
2) Den richtigen Lehrer finden.
Das ist der Schlüssel zur 'Wirksamen Kampfkunst'! Ab‹
während es viele asiatische Kampfsportarten der Neuzc
gibt, gibt es nur wenige Kampfkunstarten, geboren vor la‹
ger Zeit, in den kriegerischen Zeiten Asiens.
Und unter diesen wenigen, sehr alten Kampfsystemen, i
MU SA DO das Beste, was sich die Menschheit in den ve
gangenen 2000 Jahren an Selbstverteidigungs- und Überl‹
benstechiken ausdenken konnte.
Nur MU SA DO erfüllt alle oben genannten Kriterien!
Nun reicht es aber nicht aus, sich bei den populären Kamp
sportarten der Neuzeit umzusehen und hieraus ein neu‹
Konzept zu 'stricken'.
Ob Karate, Judo, Tae Kwon-Do, Aiki-Do, Ju-Jutsu od‹
Kung-Fu, bei allen handelt es sich zwar um (degeneriert‹
Kampfkünste, die auf alte Traditionen (Kriegskünste) z‹
rückblicken, sie sind aber duch Versportlichung (z.T. Ane
kennung als olympische Disziplin) wettkampffähig, da
heißt, innerhalb bestimmter Regeln fair geworden. Gena‹
diese Fairneß ist aber für einen Überlebenskampf unter härtesten Bedingungen im Krieg oder gegen Angreifer mit
niedrigsten Instinkten und unter Einsatz terroristischer Mittel absolut untauglich.
Benötigt wird hingegen ein Nahkampf-System wie
MU SA DO, welches völlig wettkampfuntauglich ist. Man
stelle sich einen Sportwettkampf vor, bei dem der Verlierer
trotz aller Schutzausrüstung nach zehn Sekunden Gelenk-
brüche, schwere innere Verletzungen oder gar den Tod da-
vonträgt!
Einen derartigen Kampf kann es natürlich nicht geben, aber
dies ist genau der Grund, warum MU SA DO von Militär-
experten in aller Welt als militärische Kampftechnik aner-
kannt wird.
Bekanntlich besteht der Kampf der Infanterie zu 90% aus
Nahkampf um Wälder und Ortschaften. Überraschend auftretender Feind zwingt häufig zum Kampf Mann gegen
Mann. Im Rahmen der kriegsnahen Ausbildung müssen die
Soldaten intensiv auf diese Situation vorbereitet werden.

Scharfschütze

Der Gegner, der den Nahkampf sucht, kann überall lauern!

Überraschend auftretender Feind zwingt häufig zum Kampf Mann gegen Mann.

Der Gegner, der den Nahkampf sucht, trachtet danach, den Soldaten auf jede Art und Weise zu töten. Zaghaftigkeit im Nahkampf ist daher immer falsch. Es mag durchaus einige geben, die von den hier im Buch geschilderten Methoden schockiert sind. Ihnen sage ich: „Im Krieg kann man sich keine Empfindlichkeit und Rücksichtnahme leisten. Entweder Du tötest oder nimmst gefangen, oder Du wirst gefangen genommen oder getötet!"

Während in den amerikanischen, britischen und französichen Streitkräften die Notwendigkeit einer praxisorientierten Nahkampfausbildung erkannt wurde, vertraut man in der Bundeswehr weiter auf die Kraft der Handfeuerwaffen. Nur in wenigen Bataillonen wird wenigstens eine Nahkampfausbildung gemäß ZDv 3/11 betrieben.

Bereits seit 1970 trifft sich regelmäßig eine internationale Studiengruppe, um auf der Basis der alten koreanischen Kampfkunst MU SA DO ein militärisches Nahkampfsystem zu erarbeiten und weiterzuentwickeln.

Herbert Grudzenski, Präsident der WMA (World MU SA DO Association), einem Fachverband für diese

Nahkampftechniken werden durch die Studiengruppe militärischer Nahkampf auf realistische Anwendbarkeit überprüft.

koreanische Kampfkunst, fand zuerst bei der Bundeswehr-
führung kein Gehör, gab jedoch nicht auf. Die WMA bildete Offiziere verschiedener NATO-Armeen aus. Dem
Hauptmann Max Manroth gelang es, auch bei höheren
Dienststellen der Bundeswehr Gehör zu finden, so daß die
WMA Studiengruppe Militärischer Nahkampf ihre Analyse
der 'Bundeswehr Nahkampfausbildung' vorlegen und ein
neues Konzept vorstellen konnte.

Maßstab der Untersuchung war der Kampf des vollständig
ausgerüsteten Soldaten, wenn:
- seine Handfeuerwaffe oder andere Kampfmittel versa-
  gen oder fehlen,
- die Munition verschossen ist und keine Zeit zum Nachla-
  den bleibt,
- durch das Feuer eigene Kameraden gefährdet würden,
- der Nahkampf lautlos geführt werden muß.

Festgestellt wurde durch die WMA, daß die Bundeswehr
Nahkampfausbildung, wie sie zur Zeit nach den Richtlinien
und Bestimmungen der ZDv 3/11 praktiziert wird, für den
Überlebenskampf eines Soldaten im Krieg absolut ungeeignet ist.

Bei der hier praktizierten Methode kann man Angriffe nur
schwer und höchst unwirksam abwehren und wenn tatsäch-
lich ein Angriff abgewehrt wurde, war hernach die Distanz
zum Angreifer viel zu groß. Übersehen wird bei der 'Bun-
deswehr-Methode', daß es in einem Krieg nicht darum geht,
einen Angreifer abzuwehren, um Distanz zu gewinnen.
Hier geht es für den Soldaten um viel mehr, nämlich um den
Unterschied zwischen töten und getötet werden.

Die WMA vertritt hier den Standpunkt:
Der Forderung der kriegsnahen Ausbildung folgend, müssen die Soldaten dazu ausgebildet werden, einen potentiel-
len Geger so abzuwehren, daß dieser nach maximal zehn Sekunden absolut kampfunfähig ist. Diese Forderung erfüllt
die Bundeswehr-Nahkampfausbildung nicht!

Schlimmer noch: „Ich muß mich den Angriffen meines Gegners so lange erwehren, bis dieser vor Erschöpfung aufgibt
oder zusammenbricht." — So ein Offizier aus Fürstenau —
„Und die Körperstellen, die ich laut ZDv 3/11 mit Faust-
schlägen oder Fußtritten angreifen soll, sind durch Ausrü-
stungsteile geschützt!" In einem Kampf auf Leben und Tod

14

ist dies eine wenig ermutigende Perspektive.

Im Verlauf der Untersuchung stellte die SMN (Studiengruppe Militärischer Nahkampf) weiter fest, daß bei den Bundeswehr-Abwehrtechniken:

- der Raumbedarf für den Kampf in Stellungen viel zu groß ist
- Nahkampf in Stellungen und Grabensystemen nicht geübt wird
- die Bundeswehr-Fallübungen geländeuntauglich sind und zu Verletzungen führen können
- eine Abwehr gegen Fauststöße und Fußtritte nicht ausgebildet wird
- Kampf- und Abwehrtechniken mit Messer, Spaten, Knüppel, Wagenheber usw. nicht ausgebildet werden.

Gerade diese Ausrüstungsgegenständen, die am Mann sind, in unmittelbarer Nähe vorzufinden sind, oder Gegenstände wie Knüppel, Steine usw., die im Gelände herumliegen, sollte der Soldat kampfmäßig gebrauchen lernen, wenn sich keine anderen Möglichkeiten mehr anbieten. Aber im Gegensatz zu Schnellfeuergewehren muß der Umgang mit diesen Waffen gelernt werden. Denn nur die präzise Anwendung dieser Gegenstände, vereint mit dem Wissen, wie man die beste Wirkung erzielt, führt beim Nahkampf zum Erfolg.

MU SA DO Nahkampflehrgang in Fürstenau

Seit Oktober 1987 wird das klassische-traditionelle MU SA DO auch in Freizeit AGs in Bundeswehr-Kasernen trainiert. Beim Jägerbataillon (MTW) 522 in Fürstenau tauchte schon bald die Frage nach einer speziellen militärischen Nahkampfausbildung von Seiten der teilnehmenden und zusehenden Offiziere auf.

Der Erfolg dieser Arbeitsgemeinschaft, mehr als 40 Wehrpflichtige nahmen regelmäßig nach Dienst am Training teil, hatte Aufsehen erregt. Das Training wurde von Hauptmann Max Manroth, Oberleutnant Jörg Siegel und Leutnant Uwe Gnad geleitet.

So entschloß man sich schnell, für alle Soldaten der 2. Kompanie und Teilnehmer eines Unteroffizierlehrgangs der 3. Kompanie des JgBtl, eine durch WMA-Ausbilder geleitete Nahkampfausbildung (Stufe 1 des MU SA DO Military Combat Systems) durchzuführen.

Ziel sollte es sein, den Soldaten den Ernst einer Nahkampfsituation zu verdeutlichen. Durch drillmäßige und hohe Übungsfrequenzen wurden die teilnehmenden Soldaten darauf vorbereitet, sich auch mit voller Gefechtsausrüstung gegen plötzliche und spät erkannte Angriffe verteidigen zu können.

Während am ersten Tag auf dem Sportplatz geübt wurde, fand die Ausbildung am zweiten Tag im Gelände statt. Nach vier Tagen sollten die Soldaten die Stufe 1, das *Combat Ready*, erreichen. Gleich welcher Dienstgrad, alle waren mit vollem Einsatz dabei.

Bei der Abschlußprüfung hatte jeder Soldat die zuvor erlernten Techniken unter Beweis zu stellen. Mit vollständiger Gefechtsausrüstung, jedoch ohne Handfeuerwaffe, mußten die Soldaten einzeln, in Begleitung von zwei WMA-Ausbildern auf einer im Wald gelegenen Nahkampfbahn und in einem Übungsdorf beim Häuserkampf die verschiedenen Angriffe abwehren und die 'Gegner' kampfunfähig machen.

Der stellvertretende Bataillonskommandeur und die anwe-

senden Kompanie-Chefs waren von dem Ergebnis begeistert. Keiner der Offiziere hatte an einen so deutlichen Ausbildungserfolg, wie er sich hier zeigte, geglaubt. Alle Soldaten bestätigten die Wirksamkeit des Combat-Systems und in der abschließenden Auswertung bezeichneten die anwesenden Offiziere das Konzept des MU SA DO Military Combat Systems als absolut überzeugend und kriegsnah.
Der Kommandeur kündigte an, in Zukunft werde jede Kompanie nach Abschluß der Grundausbildung im Nahkampf durch die WMA-Ausbilder trainiert. Übereinstimmend wurde festgestellt, daß der Nahkampf einen ähnlichen Stellenwert wie der Waffendrill erhalten müsse.

Die Nahkampfausbildung findet ihren Höhepunkt auf der Nahkampfbahn. Hier soll der Soldat das bisher Erlernte im Rahmen einer Lage anwenden, d. h. plötzliche und spät erkannte Angriffe müssen erfolgreich abgewehrt werden.

Das MU SA DO Military Combat System

Eine sorgfältige Nahkampf-Ausbildung ermöglicht dem Soldaten, in allen Situationen seinem Auftrag entsprechend zu kämpfen und sich auch unbewaffnet sicher zu verteidigen. Obwohl das vorrangige Ziel einer derartigen Ausbildung, der zur unbewaffneten Selbstverteidigung fähige Soldat ist, treten durch die Ausbildung auch wichtige und positive Nebenerscheinungen auf:
- die für den erfolgreichen Kampf nötige Einstellung des *Kämpfen wollen* wird gefestigt
- das Training erhöht die Physical Fitness und das Vertrauen in die eigene Leistungsfähigkeit
- die Soldaten können gezielt und erfolgreich bei Operationen eingesetzt werden, welche einen (auch in der Dunkelheit) bis zum Ende lautlosen Angriff oder Überraschungsschlag erforderlich machen
- letztendlich vermittelt die Ausbildung ein hohes Maß an Disziplin.

Das von der Studiengruppe Miltärischer Nahkampf der WMA gelehrte MU SA DO Military Combat System ist so konzipiert, daß es ohne jeglichen Schnörkel, ohne Akrobatik und Körperkraft für den Soldaten einfach erlernbar ist und es wurde besonders auf die Bedürfnisse des voll ausgerüsteten Soldaten abgestimmt. MU SA DO Nahkampftechniken haben sich bereits bei Einheiten in Korea, Vietnam und an anderen Kriegsschauplätzen der Neuzeit als besonders wirksam bewährt.

MU SA DO unterscheidet sich von allen anderen Kampfkünsten aus der Sicht des Soldaten durch folgende entscheidende Punkte:
- MU SA DO ist schnell, hart, wirksam!
- konzipiert (in seiner Ur-Form) vor ca. 1800 Jahren von adligen Elite-Soldaten des alten Korea.
- entwickelt ausschließlich für die praktikable Anwendung im Krieg unter härtesten Bedingungen.
- trainiert die Fähigkeit, mit jedem Gegner, zu jeder Zeit, an jedem Ort, erfolgreich fertig zu werden, ganz gleich, wie weit eine Situation eskaliert ist.
- trainiert die Fähigkeit, einen Überlebenskampf innerhalb zehn Sekunden notfalls mit dem Tod des Gegners zu beenden.
- basiert nicht auf Körperkraft und Akrobatik, sondern leiht sich durch die ausgeklügelte Methode mit der angewandten Technik förmlich die Kraft des Gegners aus, um sie gegen diesen einzusetzen.
- benutzt die kürzesten und schnellsten Bewegungen und trainiert die Reaktion, zwei bis drei (oder auch mehr) Kombinationen gleichzeitig und reflexartig ausführen zu können.
- ist so konzipiert, daß man nicht durch gegnerische Aktionen, Finten oder Kombinationen getäuscht wird.
- verfügt über eine systemimmanente Psycho-Trainingsmethode.
- ist bei konsequenter Anwendung äußerst effektiv und für den Gegner völlig überraschend und unberechenbar.
- vermittelt die Fähigkeit, mit Waffen aller Art zu kämpfen und überall auffindbare Gegenstände als Waffen einzusetzen, sowie die erfolgreiche Abwehr von Waffen, z.B. Hieb- und Stichwaffen.
- war niemals als eine erzieherisch wirkende Sportart gedacht, folgt jedoch einem strengen Ehrencodex und fördert die Disziplin und die Kameradschaft.
- wurde und wird immer wieder auf wirksame Anwendbarkeit im tödlichen Kampf (Überlebenskampf) überprüft.

Das MU SA DO Military Combat System wird in drei Kategorien eingeteilt:
- Kategorie 1: Unbewaffnet gegen unbewaffneten Gegner
- Kategorie 2: Unbewaffnet gegen bewaffneten Gegner
- Kategorie 3: Bewaffnet gegen bewaffeten Gegner

Die Lehre dieses Combatsystems hat 17 Standardpositionen als tödliche Angriffstaktiken ausgewählt. Zehn Positionen der Hand, fünf des Fußes und je eine von Ellenbogen und Knie. 25 Körperstellen sind als verletzlichste Punkte beim Gegner festgelegt.

Das MU SA DO Military Combat System wird in vier in sich geschlossenen Ausbildungsabschnitten gelehrt.
- Stufe I: Basic Hand to Hand Combat

(grundlegende waffenlose Nahkampftechniken)
- Stufe 2: Basic Stick fighting for Combat
  (grundlegende Kampftechnik mit dem Schlagstock)
- Stufe 3: Knife Selfdefense for Combat
  (Abwehr gegen Messerangriffe)
- Stufe 4: Knife fighting and Advanced combat skills
  (Messerkampf und Kampf (Kommando)-Techniken für
  Fortgeschrittene)

Im ersten Ausbildungsabschnitt lernen die Soldaten in Anlehnung an die vorgegebenen Richtlinien und Bestimmungen der ZDv 3/11 zur Vorbereitung auf die Bundeswehr-Einzelkämpferausbildung von der Bundeswehr gewünschten Techniken für die Nahkampfausbildung.

Außerdem:
- Grundregeln für den militärischen Nahkampf
- Schlag-, stich- und stoßempfindliche Körperstellen
- Abwehr gegen Stöße und Schläge mit und ohne Waffen sowie die Abwehr gegen Fußtritte
- Befreiungstechniken aus verschiedenen Halte-, Würge- und Umklammerungsgriffen.
- Fall- und Abrolltechniken mit und ohne Gefechtsausrüstung.

Diese Grundstufe setzt keine Vorkenntnisse voraus, lehrt die Teilnehmer aber, die Techniken zu kombinieren, d.h. mit wenigen effektiven Techniken eine Vielzahl von verschiedenen Angriffen zu begegnen, denn erst dadurch werden die Reaktionen für einen Gegner völlig unberechenbar.

Der Stock (als Verlängerung des Armes) und als eine jederzeit und überall im Gelände auffindbare und somit verfügbare Waffe, welche richtig geführt, den Soldaten zu einem äußerst gefährlichen Gegner macht, ist Mittelpunkt der zweiten Ausbildungsstufe.
- Block- und Abwehrtechniken, Schläge, Stöße, Stiche mit dem Combatstick
- und mit unterschiedlichen, stockartigen Gegenständen, zum Beispiel:
  - Klappspaten
  - Kfz-Wagenheber
  - Zeltstangen
  - auch und gerade G-3

- Hebeltechniken und Hebelwürfe mit dem Combatstick
- Kontroll-, Abführ- und Würgetechniken mit dem Combatstick

Trotz der Vielzahl der Anwendungsmöglichkeiten sind auch diese Techniken durch das ausgeklügelte Lehrsystem leicht erlernbar.

Die dritte Ausbildungsstufe beinhaltet die Abwehr von Messerangriffen, da ein Messer — unabhängig von physischer Stärke und Größe — auch aus dem unscheinbarsten Kerlchen einen tödlich ernst zu nehmenden Gegner macht. Um wieviel gefährlicher mag dann erst ein gut im Messerkampf ausgebildeter Soldat sein?

Die Ausbildung in der dritten Lehrgangsstufe des Combatsystems befaßt sich daher ausschließlich mit der Selbstverteidigung gegen jede denkbare Angriffstechnik mit dem Messer:
- Vorstellung verschiedener einschneidiger und zweischneidiger Messer, besonders militärischer Combatmesser
- Grundregeln für die Selbstverteidigung bei Messerangriffen
- Abwehr von Stich-, Schnitt- und Hiebtechniken bei Messer- und Bajonettangriffen aus allen erdenklichen Positionen
- Richtiges Einschätzen des Gegners und psychologische Verhaltensmaßregeln.
- Erste Hilfe (Eigenhilfe) bei Messerkampf-Verletzungen.

Eine gründliche Selbstverteidigungsausbildung in der dritten Lehrgangsstufe ist schon deshalb notwendig, weil ein verwendungsfähiges Kampfmesser heute zur Ausstattung fast jeder modernen Armee gehört.

Aus diesem Grund wird deshalb in der vierten Ausbildungsstufe nicht nur die Verteidigung, sondern auch der Gebrauch des Kampfmessers sowie anderer Hilfsmittel im Nahkampf gelehrt:
- Angriffstechnik mit dem Kampfmesser
- Schnitte, Stiche, Schlitztechniken und ihre Wirkungen
- Anatomische Kenntnisse
- Grundsätze für den lautlosen Nahkampf
- Die perfekte Tarnung

– Combatschießen mit Steinschleuder, Armbrust, Pfeil
und Bogen
– Einsatz der Würgeschlinge
– Fesselungstechniken mit einfachen Hilfsmitteln
– Kommando-Nahkampftechniken
– u.v.m.

Da alle diese Techniken dem Bereich *dirty tricks* zugeordnet
werden und ihre Anwendung immer den Tod des Gegners
zur Folge haben wird, muß für die vierte Lehrgangsstufe eine strenge Auswahl der Lehrgangsteilnehmer erfolgen. Be-
zeichnend aber für das ganze Ausbildungskonzept ist, daß
hier nicht zu bestimmten Angriffen passende Abwehr-
methoden gelehrt, sondern vielmehr wenige, dafür aber gut
miteinander kombinierbare Techniken vermittelt werden.
Gerade diese Beschränkung auf das Wesentliche macht die
Stärke des MU SA DO Combatsystems aus.

*MU SA DO Nahkampf-
ausbildung bei der 4./
PzGrenBtl 282 Rommel-
kaserne in Dornstadt im
April 1991.*

Der Soldat kommt an eine Walddichtung und erkennt feindlichen Wachposten.

Der Soldat nähert sich lautlos von hinten dem Wachposten.

Bild oben: Der Soldat umklammert von hinten mit rechten Unterarm den Hals und hält mit linker Hand den Mund des Wachposten zu

Bild oben rechts: Der Wachposten wird mit Würgegriff in die Bodenlage gezogen

Bild rechts: In der Bodenlage erfolgt als Abschlußtechnik Genick-Drehhebel.

Lehrgangsstufe I
Waffenlose Selbstverteidigung

'Taeryon Sogi' – die Kampf- und Verteidigungsstellung

Taeryon Sogi
Die Kampf- und Verteidigungsstellung

In einer Gefahrensituation, unmittelbar vor Beginn des Nahkampfes, soll der Soldat sich nicht frontal zum Gegner stellen, da er diesem sonst eine größere Angriffsfläche bieten würde.

Der Soldat nimmt daher grundsätzlich eine seitlich dem Gegner zugewandte Stellung ein. Aus dieser Verteidigungshaltung heraus wird dem Gegner nur noch die Schmalseite für seine Angriffstechniken geboten.

Taeryon Sogi oder die 'Rückwärts-Beugstellung' wird so genannt, weil das hintere Bein gebeugt ist und die Stellung (Stand) nach rückwärts sehr stark ist. Diese Stellung wird als Kampfstellung benutzt und als Abwehrstellung ebenso bevorzugt. Sie ist also sehr flexibel!

Taeryon Sogi wird wie folgt ausgeführt:

1. Beide Füße stehen mit der Sohle fest auf dem Boden.
2. Der vordere Fuß zeigt nach vorne, der hintere, im Winkel von 90 Grad, zur Seite. (Nicht nach hinten!)
3. Beide Knie sind gebeugt, das vordere leicht, das hintere so, daß es über den Zehen des hinteren Fußes steht.
4. Der Oberkörper ist aufrecht und befindet sich seitlich zur Angriffsrichtung.
5. Das Gleichgewicht ruht zu 70% auf dem hinteren und zu 30 % auf dem vorderen Bein.
6. Während eine Hand und Unterarm den Brustraum abdeckt (verteidigt), verteidigt die andere Hand den Kopf-Halsbereich und ist als Führungs- und Greifhand vorgestreckt.

Während der Kampfhandlungen ist die Kampfstellung öfter zu wechseln: Rechts-links, links-rechts, um den Gegner zu verwirren. Da das Gleichgewicht auf dem hinteren Bein verlagert ist, kann der Soldat mit dem vorderen Fuß bequem Vorwärts-Tritte durchführen.

Außerdem erlaubt die seitliche Stellung blitzschnelles Vor- und Rückwärtssteppen, zur Seite wegspringen oder wegrollen, sowie schnelle Drehungen um die eigene Achse.

Nak Bop
Fall- und Abrollübungen

Zur Bedeutung der Fallübungen:
Durch Fallübungen lernt der Soldat, Verletzungen (Prellungen, Verstauchungen, Knochenbrüche etc.) zu vermeiden, wenn er in einer Nahkampfsituation:
- sein Gleichgewicht verliert und strauchelt, stürzt, fällt;
- vom Gegner geschoben, gestoßen, ausgehoben und/oder geworfen wird

Der Soldat, der in einer Nahkampfsituation hinfällt, also durch Aufgabe seines Gleichgewichts aus einer vorteilhaften Standposition in eine unvorteilhafte Bodenposition kommt, ist im Nachteil. Der Nachteil liegt in der Bewegungseinschränkung am Boden aufgrund der mitgeführten Ausrüstung. Seine Situation ist mit der eines auf dem Rücken liegenden Käfers zu vergleichen.

Zur Bedeutung der Abrollübungen:
Wenn der Soldat zu Fall kommt, darf er auf keinen Fall:
- unbeholfen, ungelenk hinstürzen
- flach auf den Rücken fallen
- stumpf auf die Rippen fallen
- und niemals liegenbleiben.

Von größter Wichtigkeit ist es, daß der Soldat noch während er fällt, den Körper zur Fallrichtung rund macht, also runden und keinen eckigen Kontakt zum Boden bekommt. Es kommt also nicht darauf an zu fallen — sondern sich geschickt über die Schulter abzurollen, sofort wieder auf die Beine zu kommen und die vorher näher beschriebene Kampf/Verteidigungsstellung zum Gegner hingewendet einzunehmen. Kurz gesagt: Der Zustand der unvorteilhaften Bodenlage muß schnellstmöglich durch Abrollen geändert werden, damit die Kampffähigkeit wieder hergestellt ist.

Abrollübungen werden aber auch sehr nützlich sein, um den Angriff eines Gegners zu unterlaufen (darunter wegtauchen) und um sich blitzschnell aus einer Gefahrensituation wegzurollen. Ebenso kann man sich in Richtung auf den Gegner hinrollen, um einen Abstand zum Gegner zu überbrücken (z.B. beim Messerkampf: auf den Gegner zurollen und das Messer von unten hochstoßen)

Das MU SA DO Military Combat System sieht drei Fallübungen vor. Diese hat der Soldat zu erlernen:
- Vorwärts-Fallrolle über die rechte oder linke Schulter
- Rückwärts-Fallrolle über die rechte oder linke Schulter
- Seitwärts-Fallrolle über die rechte oder linke Schulter.

Außerdem wird gelernt, während des Abrollens, Waffen (G-3, Kampfmesser) oder Gegenstände wie Klappspaten, Knüppel, Steine vom Boden aufzunehmen.

Die Fallrolle vorwärts
Einige wichtige Tips:
Den Körper rund (zur Fallrichtung) durchbiegen. Den Körper nicht verkrampfen und starr machen. So schnell wie möglich und mit soviel Schwung wie möglich nach vorne rollen. (Je schneller man rollt, um so besser kommt man wieder auf die Füße - in Kampfposition.)

Falls der Gegner schnell reagiert und sich auf den am Boden liegenden stürzen will, ggfs. weiterrollen (Doppelrolle) entweder in der Bewegungsrichtung (also wie ursprünglich nach vorne) oder durch eine schnelle linke oder rechte Drehung zur Seite, dann seitlich nach vorne wegrollen.

Die Fallrolle vorwärts rechts: Rechten Fuß und rechte Hand in Fallrichtung vorsetzen. Blickrichtung dabei links rückwärts.

Die Fallrolle vorwärts links (ohne Abb.): Linken Fuß und linke Hand in Fallrichtung vorsetzen, Blickrichtung dabei rechts rückwärts.

Mit rundem Oberkörper (wie ein Ball) über die rechte oder über die linke Schulter abrollen.

Den Schwung der Rolle ausnutzen, um auf die Füße zu kommen und den Oberkörper hochreißen. Sofort Kampfstellung/Verteidigungsstellung (zum Gegner hingewendet) einnehmen.

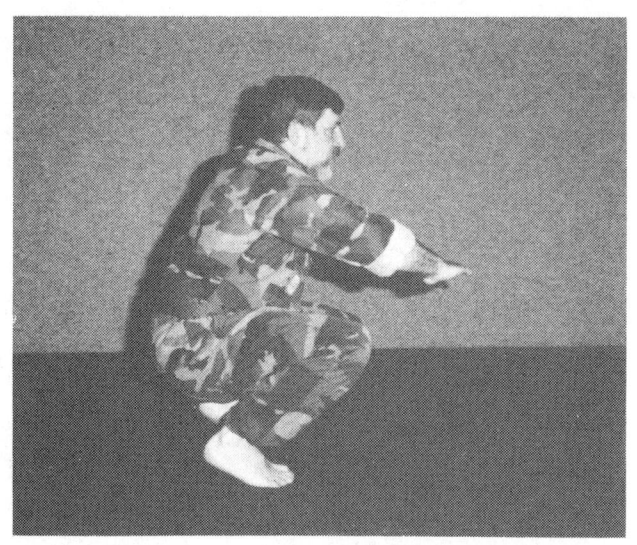

Die Fallrolle rückwärts

Hocksitz-Position einnehmen. Hände nach vorne strecken. Kinn auf die Brust neigen. Oberkörper rund machen.

Nach hinten (rückwärts) abrollen. Die Beine weit auseinandergrätschen und entweder über die linke oder die rechte Schulter „werfen" abrollen.

Mit dem Rückwärtsschwung auf die Füße kommen und Kampf- bzw. Verteidigungsstellung (zum Gegner hingewendet) einnehmen.

Einige wichtige Tips:

Kinn auf die Brust nehmen, der Kopf darf beim Abrollen nicht den Boden berühren. Wenn man die Beine während der Rückwärtsrolle weit grätscht, kommt man besser auf die Füße.

Falls der Gegner schnell reagiert und sich auf den Liegenden stürzen will, kann man (selbst wenn man noch nicht die Standposition erreicht hat) noch halb aus der gebückten Stellung einen Fußtritt zum anstürmenden Gegner plazieren, indem man sein Hauptgewicht auf das hintere Standbein verlagert. Der Gegner kann so gestoppt werden.

Die Fallrolle seitwärts

Bei der Seitwärtsrolle rechts mit dem rechten Bein am linken Bein vorbei und bei der Seitwärtsrolle links mit dem linken Bein am rechten Bein vorbei fegen und zur Seite fallen lassen.

Sobald Bodenkontakt erfolgt ist, Oberkörper rund machen

und über rechte bzw. linke Schulter abrollen.

Mit Schwung auf die Füße und in Standposition kommen. Kampf- bzw. Verteidigungsstellung (zum Gegner hin gewendet) einnehmen.

Verteidigung gegen Zufassen

Dem Griff zur Jacke bzw. Würgegriffansatz zum Hals seitlich ausweichen und mit einem harten Abwehrblock (korean. An-Makki) wegfegen. Danach Handkantenschlag zur Halsseite und gleichzeitig den Nacken fassen. Knie hoch- und gleichzeitig den Kopf des Gegners herunterreißen. (Kniestoß ins Gesicht) (korean. Murup-Chikki)

Verteidigung Würgegriff vorne

Keine Panik! Während der Gegner mit beiden Händen am Hals würgt, hat der Verteidiger beide Hände frei. Der Soldat macht einen Fauststoß (Magenhaken) (Momdong-Chirugi) und einen Frontalfauststoß durch die würgenden Hände zur Kinnspitze des Gegners. (Olgul-Chirugi)

Danach schlägt der Soldat (von unten nach oben) beide Unterarme keilblockartig auseinander (Hechyo-Makki). Der Würgegriff wird so gelöst.

Gleichzeitig faßt der Soldat mit beiden Händen den Nacken des Gegners und zieht dessen Kopf nach unten und im selben Moment sein Knie nach oben in das Gesicht des Gegners.

Abschließend kann ggf. noch ein Handkantenschlag in das Genick erfolgen, bzw. kann durch die Handhaltung (Bild 3) das Genick des Gegners durch ruckartige Drehung gebrochen werden. Ebenso könnte ein Ellenbogenstoß auf die Wirbelsäule des gebückten und angeschlagenen Gegners erfolgen, oder mit der Fußkante (des angehobenen Beines-Kniestoßbein) könnte schräg gegen das vorgestellte Knie des Gegners getreten werden. (Bei richtiger Anwendung des Trittes wird das Kniegelenk des Gegners gebrochen – Splitterbruch!)

Verteidigung
Würgegriff
von hinten

Seitliche Rechts- oder Links-Drehung und Ellenbogen-Rückwärtsstoß in den Magen des Angreifers.
Bein-Durchzug (kann das Kniegelenk brechen, wenn sich der Soldat während des Durchziehens ruckartig mit dem Gesäß auf das Kniegelenk fallen läßt). Danach Stampftritt auf das Gesicht des Gegners – oder Fußkantenstoß zum Hals

Verteidigung gegen Würgegriff von hinten mit Unterarm würgen

Der Soldat faßt mit seiner linken Hand zum würgenden Unterarm und stößt seinen rechten Ellenbogen in die seitlichen Rippen des Gegners. Eindrehen zum Schulterwurf, Wurfausführung und Stampftritt auf das Gesicht oder Fußkantenstoß zum Hals des Gegners.

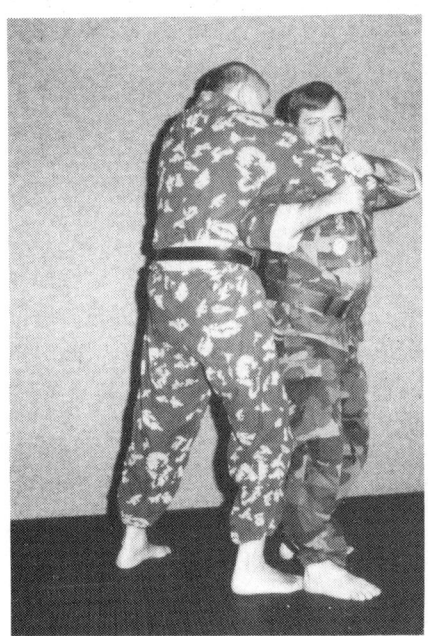

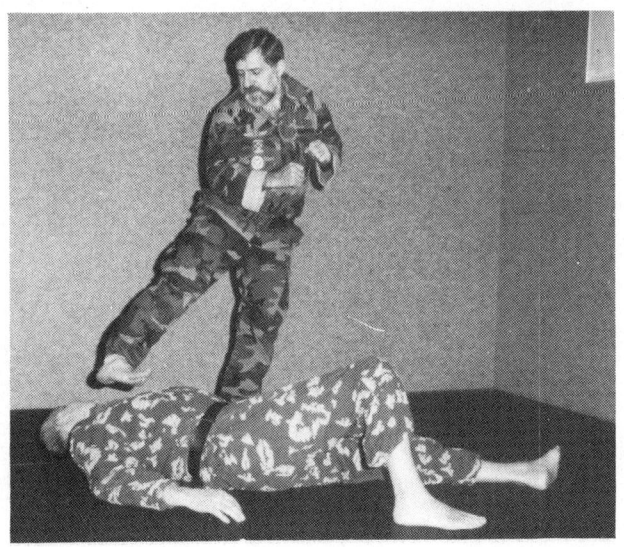

Verteidigung gegen Fußtritt

Der Soldat weicht mit einem Rückwärtsschritt dem Vorwärtstritt des Gegners aus. (Stellung: Apgubi-Sogi) und wehrt den Tritt mit einem Handkanten-Kreuzblock (Sonnal-Otguro-Makki) überhalb des Stiefels am Schienbein ab. (Sehr schmerzhaft für den Gegner)

Gleichzeitig faßt der Soldat den Fuß mit beiden Händen und führt im Halbkreis nach rechts einen Dreh-Fußgelenk-Hebel aus. Hierdurch wird der Gegner in die Bauch-Bodenlage befördert. Abschlußtechnik ist ein Stampftritt zwischen die Schulterblätter zur Wirbelsäule oder ein Fußkantenstoß in den Nacken des Gegners.

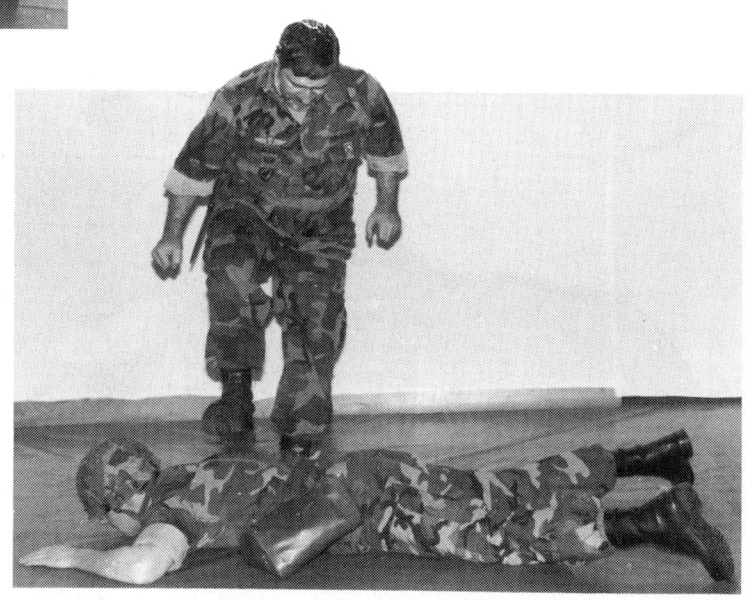

Befreiung aus Schwitzkasten

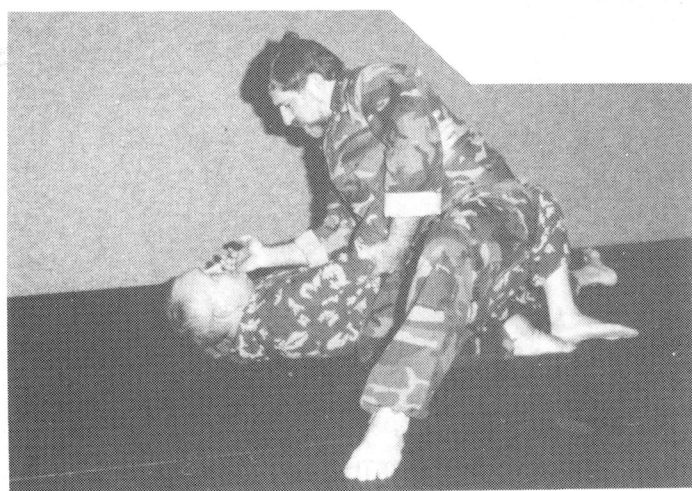

Der Soldat schlägt mit der flachen Hand von unten her zwischen die Beine des Gegners und greift zu den Hoden und hebt den Gegner aus, schleudert ihn zu Boden. Abschlußtechnik: Handkantenschlag (Sonnal-Chikki) zum Hals.

Befreiung aus Genickhebel

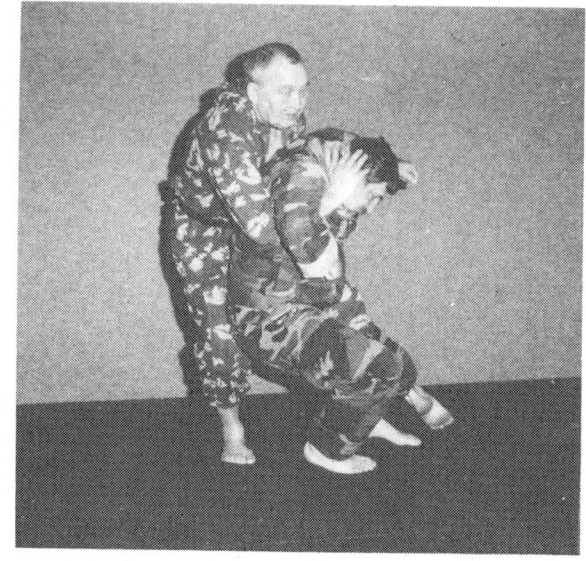
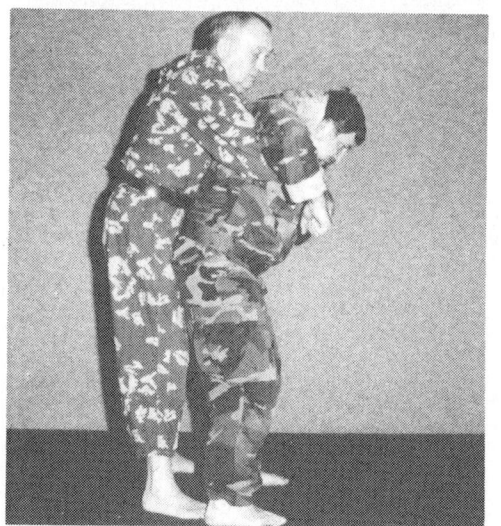
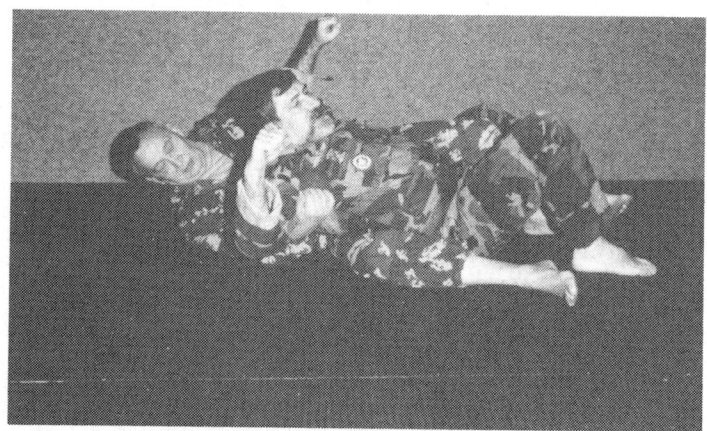

Der Soldat tritt rückwärts gegen das Schienbein oder Knie des Gegners, führt mit dem selben Bein zwischen den Beinen des Gegners eine große Innensichel aus und bringt den Gegner rückwärts zu Fall. (Hierbei löst sich der gegnerische Griff) Abschlußtechnik: Ellenbogenstoß zum Gesicht des Gegners.

Befreiung aus Umklammerung (von hinten unter den Armen)

Der Soldat macht einen Kopfstoß rückwärts zum Gesicht des Gegners. Danach greift er zu den Fingern des Gegners und hebelt diese seitwärts auseinander. Mit einem kräftigen Zug wird das Bein des Gegners hochgerissen und der Gegner hierdurch zu Fall gebracht. Als Abschlußtechnik erfolgt ein Stampftritt zum Kopf des Gegners.

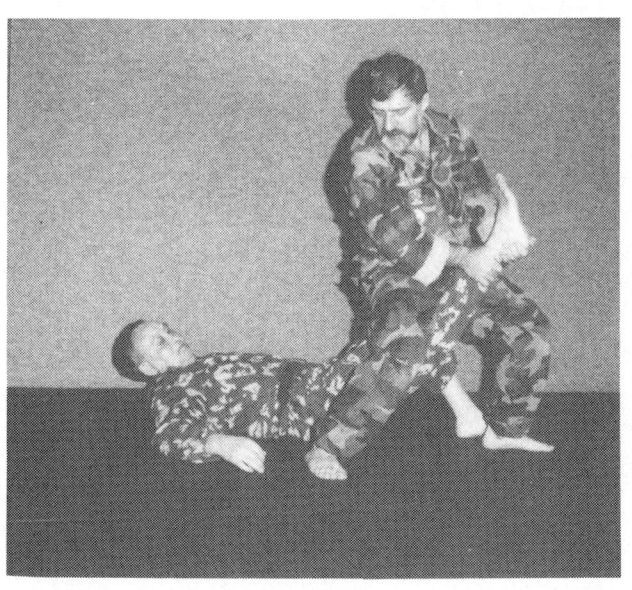

Befreiung aus Umklammerung (von hinten über den Armen)

Der Soldat macht mit seinem Kopf einen Stoß rückwärts.

Gleichzeitig greift der Soldat mit der linken Hand zum rechten Oberarm des Gegners und stößt seinen rechten Ellenbogen in die seitlichen rechten Rippen des Gegners.

Der Soldat schleudert den Gegner mit einem Schulterwurf zu Boden und schlägt mit der Handkante zum Hals des am Boden liegenden Gegners.

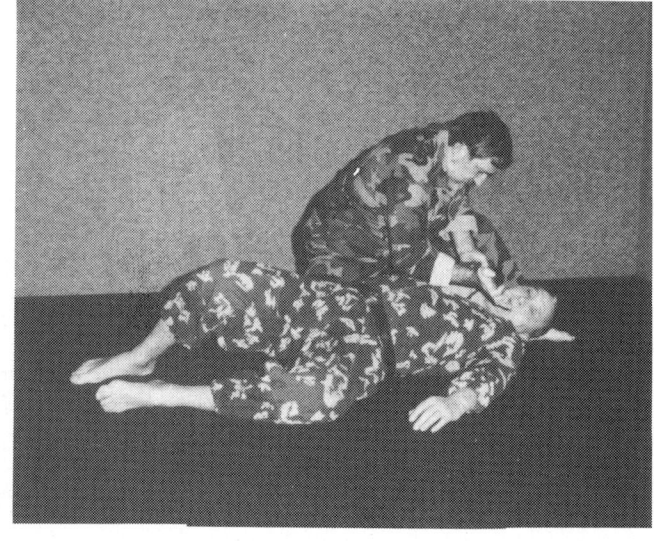

Befreiung aus Umklammerung (von vorne unter den Armen)

Der Soldat stößt mit dem Handballen gegen das Kinn des Gegners.
Gleichzeitig stößt der Soldat sein Knie in den Unterleib des Gegners.
Mit einer schnellen, ruckartigen Bewegung beider Hände wird das Genick des Gegners gebrochen. (Darf beim Üben nur angedeutet werden!)
Als Abschlußtechnik erfolgt Ellenbogenstoß zum Hals des Gegners.

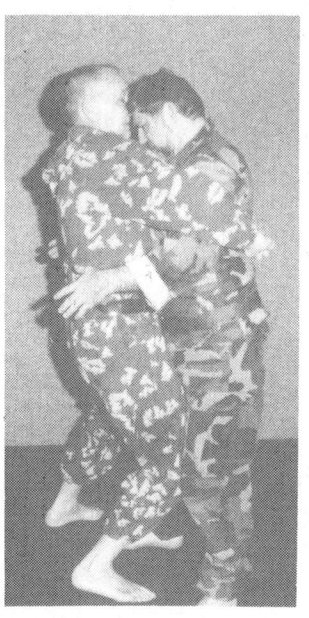 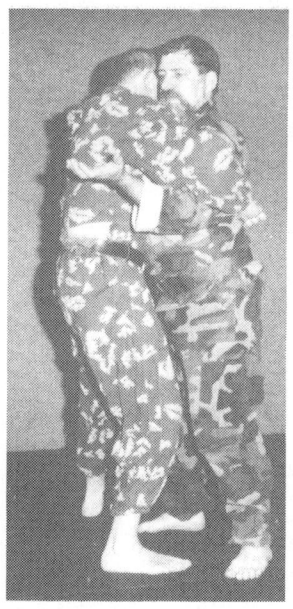 

Befreiung aus Umklammerung (von vorne über den Armen)

Der Soldat holt zum Kopfstoß aus und stößt seinen Kopf in das Gesicht des Gegners.

Danach erfolgt ein Doppelhandkantenschlag zu den seitlichen Rippen.

Gleichzeitig mit beiden Händen die Umklammerung aufsprengen und Handkantenschlag zum Hals des Gegners ausführen.

Selbstverteidigung gegen Würgegriff von hinten mit Waffe

Der Gegner würgt von hinten mit einer Waffe, der Soldat greift mit der linken Hand zur Waffe und schlägt mit dem rechten Ellenbogen in die 'kurzen Rippen'. Danach erfolgt ein Schulterwurf, der Soldat nimmt die Waffe an sich und kontrolliert den Gegner mit der Waffe.

Abwehr mit dem Koppel

Das Koppel gestreckt halten und dem Schlag (oder Messerstich) seitwärts ausweichen.

Den Angriff mit dem Koppel abblocken und blitzschnell über Kreuz um das Handgelenk des Gegners wickeln.

*Mit einem Schritt auf den Gegner zuge-
hen und den angewinkelten Arm des
Gegners zu seinem Hals ziehen,*

*den Gegner rückwärts in die Rücken-Bo-
denposition ziehen und*

*mit dem Koppel in der Bodenposition
würgen.*

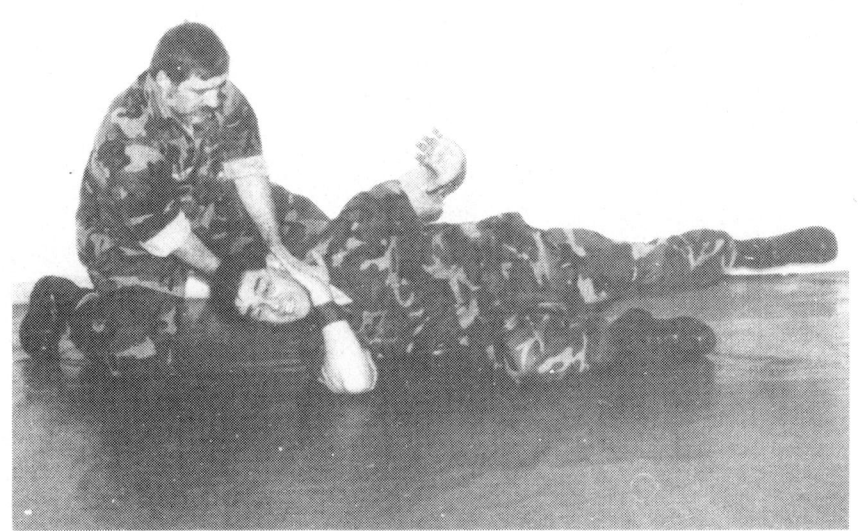

Befreiung aus Umklammerung und Würgegriff in der Boden-Rückenposition

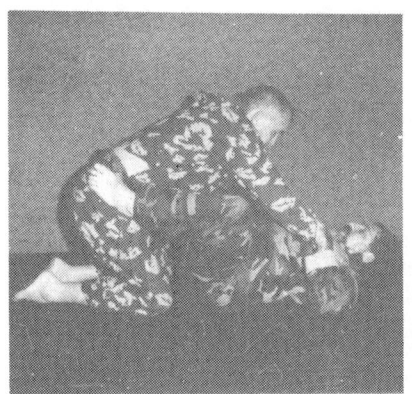  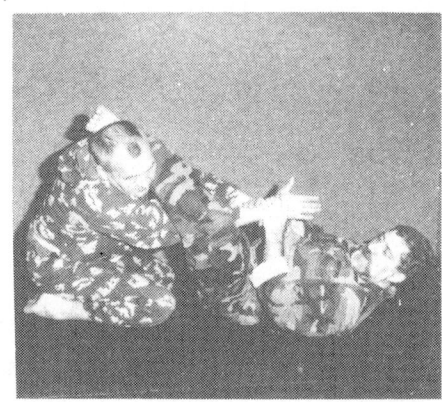

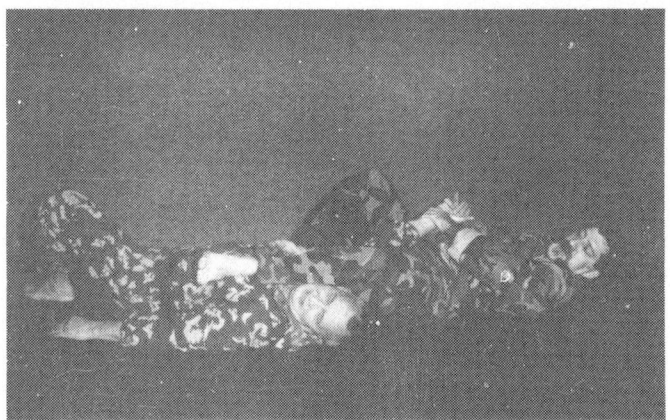 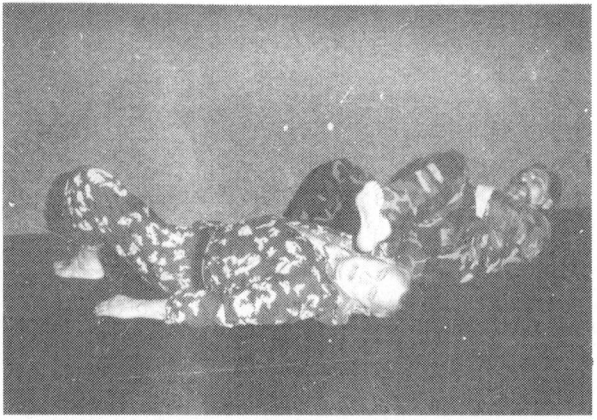

Der Soldat winkelt seine Beine an und greift mit der linken Hand an das rechte Handgelenk des Gegners und gleichzeitig mit seiner rechten Hand ebenfalls an das linke Handgelenk, wobei sein rechter Unterarm beide Unterarme des Gegners sperrt. Die angewinkelten Beine werden mit Wucht nach vorne gestoßen, wobei die Füße in die Hüfte des Gegners treffen und diesen zurückstoßen. Der linke Fußspann wird beim Gegner an die linke Halsseite angesetzt und der Gegner wird mit einem kräftigen Ruck zur linken Seite geschleudert. Der gestreckte Arm wird über den rechten Oberschenkel gehebelt und im Ernstfall gebrochen. Gleichzeitig erfolgt ein Fußschlag auf das Gesicht des Gegners.

Lehrgangsstufe II

Kampf- und Verteidigungstechniken mit dem Schlagstock

Schlagtechnik mit Combatstick

Frontalschlag zum Kopf
Schlag seitwärts zum Hals.
Schlag zur Schläfe.

Schlagtechnik mit Combatstick

Schlag quer zum Gesicht
Schlag zur Brust
Schlag zum Knie oder Schienbein

Stichtechnik mit Combatstick

Stich zur Kehle
Stich zum Bauch
Stich in den Unterleib

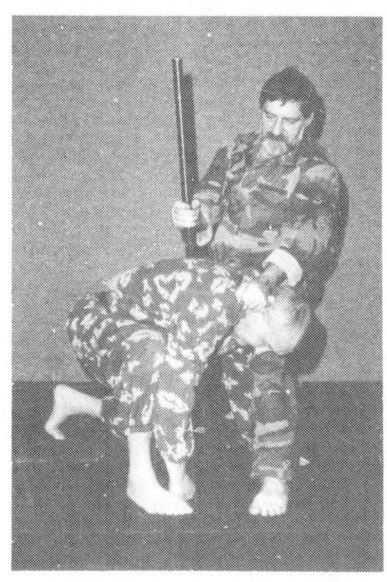

Stoßtechnik mit Combatstick

Schlag quer ins Gesicht
Stoß zur Schläfe oder hinter das Ohr
Stoß auf die Wirbelsäule

Abwehr gegen Spatenschlag,
Stockschlag, Gewehrschlag

Der Soldat macht einen 'tiefen' Ausfallschritt auf den Gegner zu und blockt mit seinem linken Unterarm den Angriff ab. Durch eine Rückwärtsdrehung zur linken Seite wird der Arm des Angreifers über die linke Schulter gehebelt und gebrochen.

Durch eine Vierteldrehung zum Gegner hin wird der Gegner mit einem Armbeugehebel in die Bodenposition befördert. Als Abschlußtechnik erfolgt ein Fußkantenstoß zum Kehlkopf des Gegners.

Diese Technik ist variabel und wird auf Lehrgängen auch gegen alle möglichen anderen Schlag-, Stich-, Stoß- und Greifangriffe angewendet.

Spatenabwehr mit Combatstick

Der Soldat block den Spatenschlag mit dem Combatstick ab und greift gleichzeitig an des Gegners Handgelenk. Der Soldat holt mit der rechten Hand zum Stockschlag aus und zieht mit seiner linken Hand am Handgelenk des Gegners den Gegner auf sich zu. Der Gegner wird in den Stockschlag des Soldaten hineingerissen.

Spatenabwehr mit Combatstick

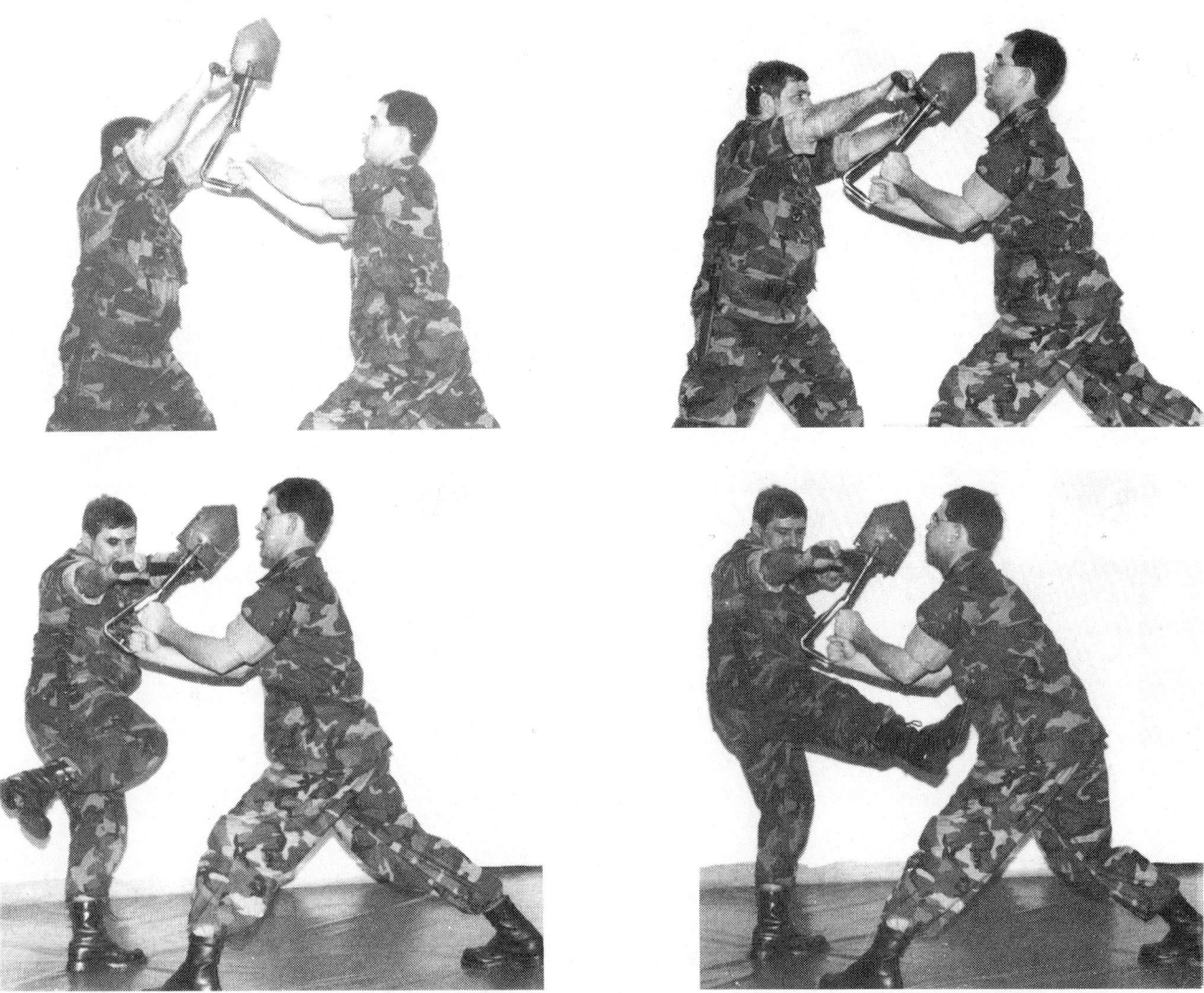

Der Soldat blockt den Spatenschlag mit quergehaltenem Combatstick ab und holt zum Tritt mit der Stiefelspitze aus, um den Gegner in den Unterleib zu treten. Gleichzeitig drückt der Soldat mit dem Combatstick die scharfe Spatenseite in das Gesicht des Gegners.

Spatenstichabwehr mit dem Combatstick

Der Soldat geht mit Combatstick in Abwehrpostion und blockt den Spatenstich nach unten weg. Er holt zum Schlag aus und schlägt mit dem Combatstick zur Nasenwurzel des Gegners.

Lehrgangsstufe III

Messerabwehr

Grundsätze zur Messerabwehr

1. Messerangriffe sind Angriffe, die unser Leben bedrohen. Es sind lebensgefährliche Angriffe. Der Gegner, welcher mit einem Messer angreift, beabsichtigt damit zu töten oder schwer zu verletzen. Wenn man von einem Messerstecher angegriffen wird, darf man sich massiv verteidigen. Der Angreifer trägt hernach das Risiko. (Dies gilt auch besonders im Zivilleben)

2. Jedes Messer und recht erst ein Kampfmesser ist eine nicht zu unterschätzende Waffe. Ein Kampfmesser macht auch aus dem unscheinbarsten Kerlchen einen tödlich ernst zu nehmenden Gegner. Wer aus einem Messerkampf mit heiler Haut davonkommt, darf getrost noch einmal seinen Geburtstag feiern.

3. Es gibt einschneidige und zweischneidige Messer. Kampfmesser sind fast immer zweischneidig, d.h. kommt der Soldat mit einem Kampfmesser in Körperkontakt, wird er sich in der Regel immer verletzen. Manche Kampf- oder Survivalmesser haben noch Sägezähne eingefräst. Derartige Messer, die zumeist noch einen Hohlschliff haben, hinterlassen furchtbare Fleischwunden, wenn sie wieder aus dem Körper herausgezogen werden.

4. Der Soldat muß Respekt vor dem Messer, aber keine Angst vor dem Gegner, haben. Ein Messer ist nur so gut wie derjenige, der es führt und der es als Angriffswaffe zu brauchen gelernt hat. Merkt der Messerangreifer, daß der Verteidiger Angst hat, so ist der Angreifer bereits im Vorteil.

5. Der Soldat muß „hellwach" sein und dem Angreifer voll konzentriert entgegentreten. Ein im MU SA DO MILITARY COMBAT SYSTEM bis zum Instructor ausgebildeter Soldat wird die Aktionen des Gegners schon vorher erahnen und bereits im Ansatz erkennen.

6. Der Soldat muß sowohl seinen Gegner als auch das Umfeld (Kampffeld) richtig und schnell einschätzen können.
   Beurteilung des Gegners: nach Größe, Gewicht, Schnelligkeit seiner Bewegungen, Kampfgeist, Messerhaltung, beherrscht er Tricks, wendet er sie an, wie reagiert er auf unsere Gegentechniken, auf Scheinangriffe, läßt er sich täuschen usw.
   Beurteilung des Umfeldes: Wo befindet sich das Kampffeld (im Freien, im geschlossenen Raum, in einer engen Stellung?) Hat das Kampffeld einen glatten, stumpfen, einen ebenen oder unebenen Boden, wächst Gestrüpp, liegen Gegenstände herum, über die man fallen oder als Waffen benutzen könnte usw.

7. Ein lebenswichtiger Aspekt ist die Verteidigungs/Kampfstellung. Dem Angreifer darf niemals die gesamte Körperseite angeboten werden. Der Soldat muß sich in einer seitlichen Stellung zum Gegner mit der Schmalseite seines Körpers hingewendet bewegen.(Aus dieser Stellung hat der Soldat dann die ideale Ausgangsposition zum Ausweichen und zum Gegenangriff. Die Schrittbewegungen in dieser Stellung dürfen nicht lang sein, müssen katzenhaft sein, dürfen nicht zu hoch sein. Überkreuzlaufen sollte vermieden werden, Stolpergefahr im Gelände, Verlust des Gleichgewichts.

8. Die beste Methode: Ausweichen und Gegenangriff (!)
   Ausweichen: Wegsteppen, wegtauchen, ggf. wegrollen, nach vorne, hinten, zur Seite rechts und links. Es ist falsch, beim Ausweichen eines Messerstichs einen zu großen Abstand zum Gegner zu bekommen. (Messerkampf ist Nahkampf!) Oft genügt eine kleine, seitliche Drehung mit dem Oberkörper, um dem Stich zu entgegen. Springt der Soldat zuweit rück- oder seitwärts, ist der Abstand zu groß um an den Gegner zu kommen und somit die Chance eines Gegenangriffs verloren. Durch diese Falschreaktion erhält der Gegner die Möglichkeit, den nächsten Angriff vorzubereiten. (Zur Erinnerung: Die beste Methode: Ausweichen-Gegenangriff-Gegner kampfunfähig machen − schnell, hart, wirksam.!)
   Gegenangriff: Fußtritte nach vorne frontal ausgeführt, oder im Halbkreis von der Seite her ausgeführt, oder durch Rückwärtsdrehung zum Gegner ausgeführt. Der Angreifer muß sofort kampfunfähig sein. Gelingt das

nicht, ist es gut möglich, daß der Soldat den nächsten Messerangriff nicht mehr überlebt.

9. Folgende Punkte sind in der folgenden (richtigen) Reihenfolge zu beachten:
   - zunächst das Messer abwehren z.B. durch Abwehrblock!
   - dann die Messerhand am Handgelenk fassen (festhalten)
   - dann die Messerhand (Messerarm) durch Hebeltechnik so verdrehen, daß die Klinge (Messerspitze) vom Soldaten weg und auf den Angreifer gerichtet ist. Nach möglichkeit den Messerarm so verhebeln, daß das Messer zu Boden fällt.
   - dann dem Angreifer keine Möglichkeit mehr geben, wieder in den Besitz des Messers zu kommen, (z.B. Tritt mit Stiefelspitze gegen das Messer und dieses weit weg befördern)
   - dann den Gegner unverzüglich Kampfunfähig machen.

10. Der Soldat hat wie vorerwähnt, die Größe und das Gewicht eines Gegners richtig einzuschätzen und zu berücksichtigen. Ist der Angreifer größer und schwerer als der Soldat (aber nur dann!) soll er zunächst vom Soldaten auf Distanz gehalten werden. Die Distanz muß so groß sein, daß der Soldat nicht vom Messer getroffen wird und so klein sein, daß der Soldat seinen Gegner durch Fußtritte angreifen kann, die auf empfindliche Körperstellen zielen und den Gegner schwächen.

11. Der mit einem Kampfmesser bewaffnete Angreifer ist bereits im Vorteil. Gelingt es dem Angreifer, den Soldat mit dem Messer zu verletzen, ist er noch mehr im Vorteil. Wird der Soldat durch einen Stich oder Schnitt verletzt, muß er sofort handeln, da ihm bedingt durch Schmerzen, Blutverlust, Schockwirkung, nicht mehr viel Handlungsspielraum bleibt. In diesem Fall muß der „angestochene" Soldat über sich „hinauswachsen", seine Lebensenergie und alle seine Kraftreserven mobilisieren. (Basislehrsatz des traditionellen klassischen MU SA DO: „Wer die Fähigkeit hat, durch MU SA DO anderen Menschen Verletzungen und

Schmerzen zufügen zu können, muß auch die Fähigkeit haben, Verletzungen und Schmerzen aushalten zu können") Auch das moderne MU SA DO Military Combat System lehrt, wie man selbst unter hohem Streß oder im Falle einer Verletzung weiterkämpfen kann und den Kampf erfolgreich zu Ende bringt.

12. Die Verteidigungsbewegungen sind mit kleinen Schritten, geduckt und am Boden haftend durchzuführen. Die Füße müssen förmlich am Boden haften, der Soldat muß seine „Mitte", d.h. sein Gleichgewicht finden und behalten. Er darf niemals in das Messer frontal hineinlaufen.

13. Der Soldat soll den Gegner durch Scheinangriffe und Finten täuschen und nach Möglichkeit dazu verleiten, Dinge zu tun, die der Soldat schon vorher einkalkuliert hat. Z.B. kann der Gegner nicht sehen, was hinter ihm ist (Gestrüpp, Baumwurzeln, Gegenstände usw.) Wenn es dem Soldat gelingt, den Gegner durch Angriffe (auch Scheinangriffe) rückwärts zu treiben, kann der Gegner über diese Dinge fallen.

14. Falls der Soldat über diese Dinge stolpert und rückwärts fällt (siehe Fallübung rückwärts Seite 26), so hat er sich unverzüglich nach dem Fall abzurollen, um wieder in Kampfstellung zu kommen. Gelingt ihm das nicht, hat sich der Soldat zur rechten oder zur linken Seite zu werfen. Niemals aber darf er da liegenbleiben, wo er hingefallen ist.

15. Während der Soldat den Messerangreifer auf Distanz hält, kann er sich Kleidungsstücke (ggf. seine Jacke) vom Körper reißen, diese um seine Abwehrhand wickeln und somit seinen Greifarm schützen.

16. Ebenso kann der Soldat mitgeführte Ausrüstungsgegenstände als Abwehrwaffe einsetzen, oder Gegenstände vom Boden aufgreifen (Knüppel usw.). Er kann den Angreifer täuschen, ihn ablenken und ihm Sand, Steine oder andere Gegenstände zuwerfen.

Abwehr Messerstich von unten

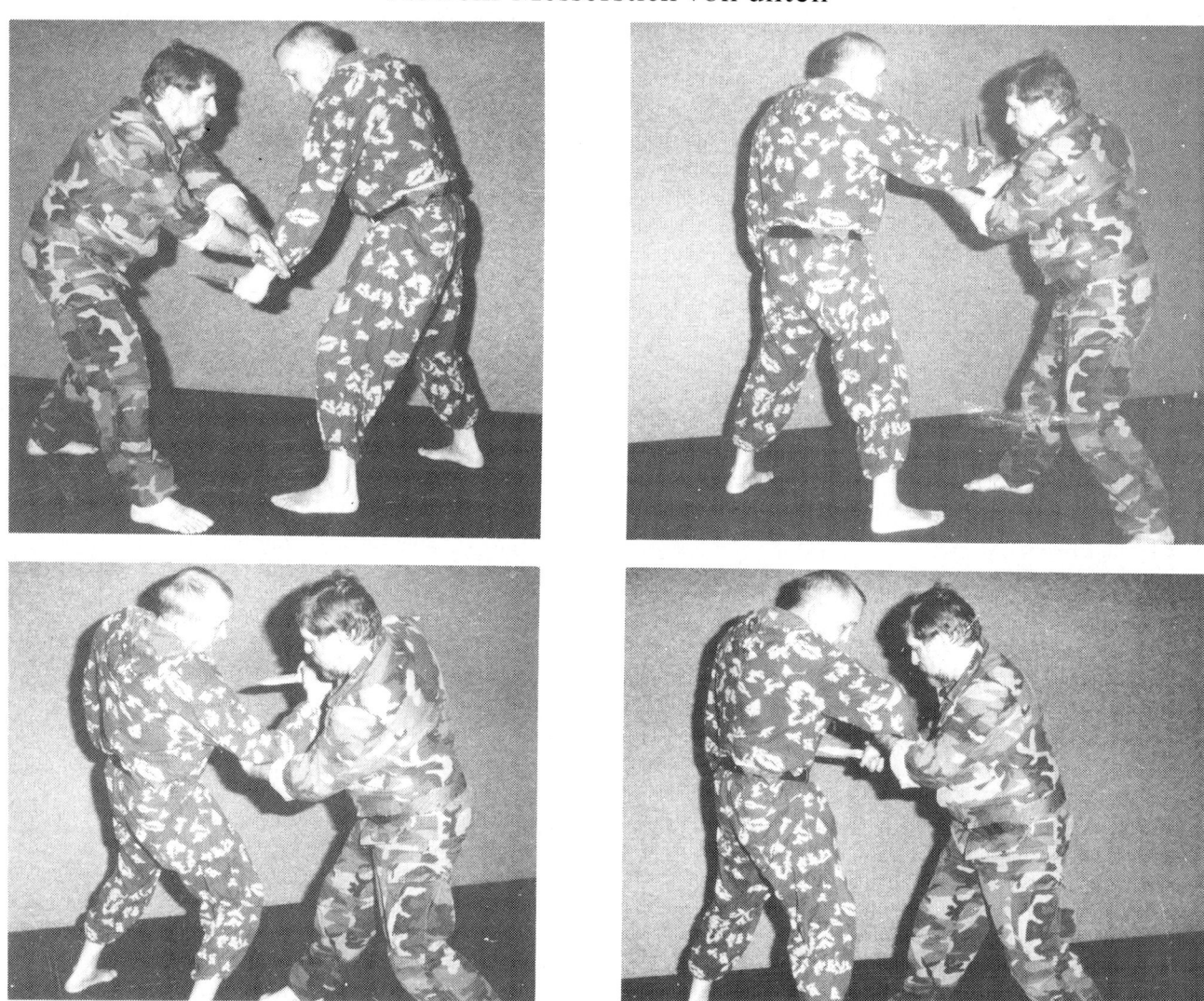

Breitbeinig zurückspringen und den Messerangriff mit Handkantenkreuzblock abwehren. Die linke Hand greift in das Ellenbogengelenk (Nervendrucktechnik) und die rechte Hand umfaßt das Messerhandgelenk des Gegners am Handrücken. Das Messer wird dem Gegner in den Bauch gerammt.

Abwehr Messerstich von oben

Der von rechts oben ausgeführte Messerstich wird mit dem linken Unterarm hart abgeblockt. Es ist wichtig, daß die Faust geschlossen ist und daß mit der Kante des Unterarms geblockt wird. Die rechte Faust wird mit einer halben Drehung aus der Hüfte in den Magen des Gegners gestoßen. Hierbei ist es wichtig, daß die oberen Knöchel der Faust treffen.

Nach dem Abblocken das Messer-Handgelenk fassen und seitwärts links unter dem Messerarm durchtauchen.

Den Messerarm mittels Handgelenk-Beugehebel mit Wucht nach unten stoßen. Der Gegner, der durch den Beugehebel nach vorn gezogen wird, fällt in sein eigenes Messer. Als Abschlußtechnik kann die rechte Handkante zum Genick des Gegners geschlagen werden.

Abwehr eines Messer-Frontalstiches

Der Soldat steht mit dem Rücken an der Wand und kann nicht nach hinten ausweichen. Der Gegner sticht mit dem Messer von vorn (Florettstich) zu. Der Soldat weicht seitwärts links aus und greift mit seiner rechten Hand an das Handgelenk der Messerhand und mit seine, linken Hand in den Nacken des Gegners. Mit dem Schwung der seitlichen Ausweichbewegung wird der Kopf des Gegners gegen die Wand gestoßen und sein Messerarm über dem Bauch des Soldaten gehebelt. Gleichzeitig führt der Soldat einen Handkantenschlag in das Genick des Gegners aus.

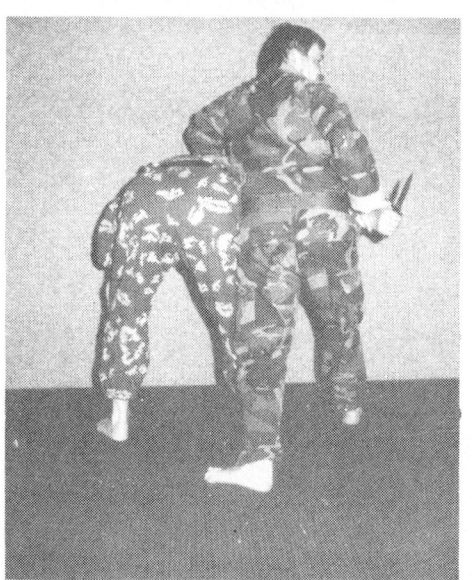

Messerabwehr mit Spaten

Der Soldat schlägt mit einem kräftigen Spatenschlag den Messerarm zur Seite und schlägt mit gleichem Schwung mit der scharfen Kante des Spatens zum Hals des Gegners.

Bajonett-Abwehr

Zur Seite ausweichen und mit der Handkante den Bajonett-
stich abblocken, den Gegner mit Kreuzwickelgriff in die Bo-
denlage hebeln, Gewehr abnehmen. Selbst Bajonettangriff
auf den am Boden liegenden Gegner durchführen.

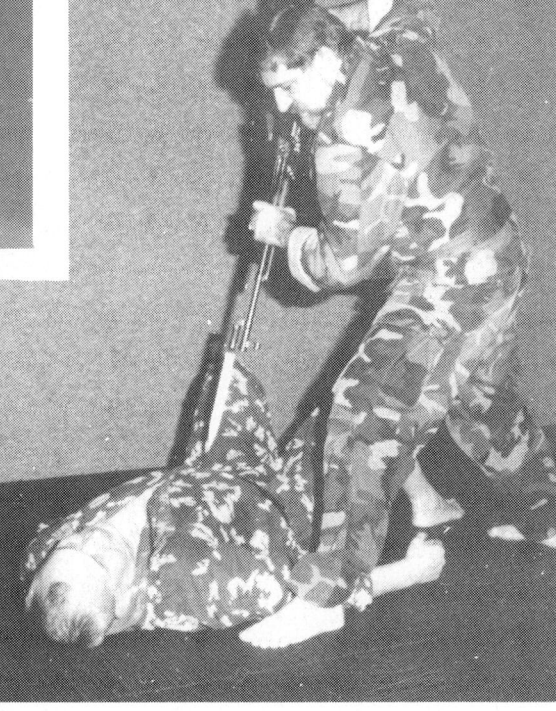

Messerabwehr
mit Combatstick

Der von oben ausgeführte Messerstich wird mit dem Combat Stick abgeblockt.

Der Soldat greift mit der linken Hand zum Messer-Handgelenk des Gegners und hebelt den Messerarm nach hinten. Gleichzeitig wird der Combatstick zwischen Armbeuge und Hals des Gegners geschoben. Hierdurch wird die Hebelwirkung verstärkt und der Stock drückt auf den Kehlkopf des Gegners.

Sobald der Gegner in die Rück-Bodenlage gehebelt worden ist, erfolgt als Abschlußtechnik ein Stampftritt zum Kopf des Gegners.

Herbert Grudzenski schult junge Offiziere der Bundeswehr.
Hier: Oberleutnant Jörg Siegel in Messerabwehr.

Lehrgangsstufe IV

Messerkampf und Kommandotechniken

Überwältigung eines Wachpostens

Kommandotechnik mit Combatstick

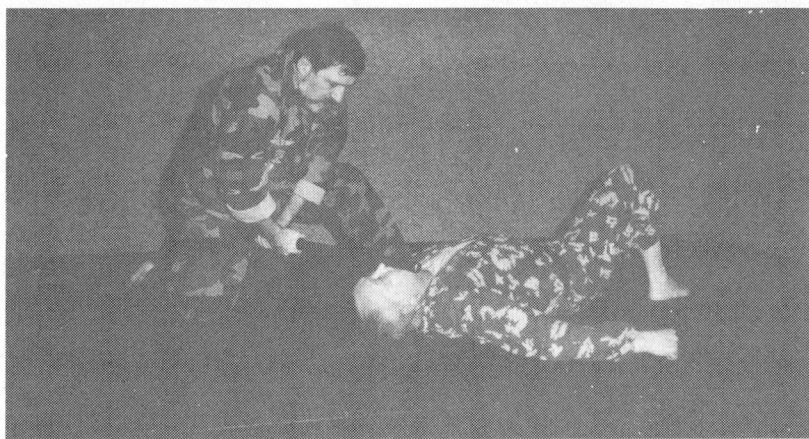

Durch Zug an der Schulter und Tritt in die Kniekehle den Gegner nach hinten aus dem Gleichgewicht bringen. Den Combatstick (quergehalten) über die Kehle des Gegners drücken. Den Gegner mit Stock-Würgegriff in die Bodenposition befördern. abschließend Schlag zum Kopf des Gegners.

Kommandotechnik mit Combatstick

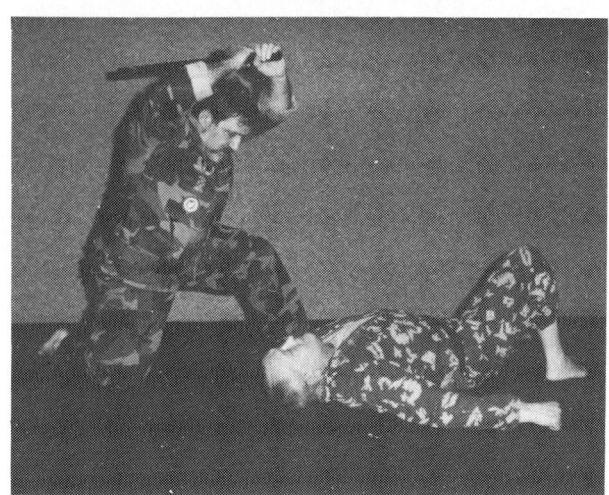 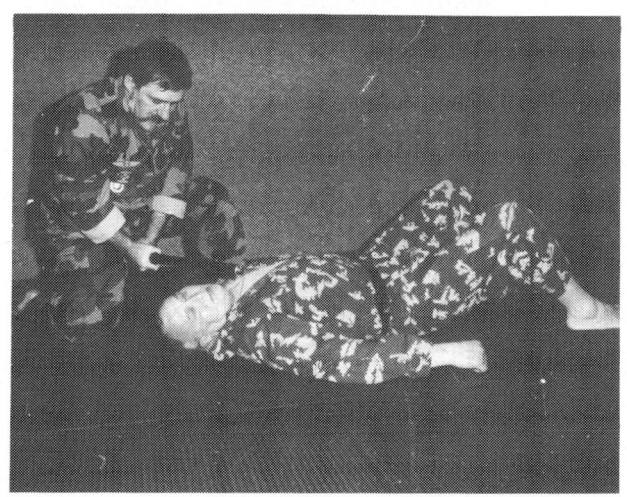

Der Soldat nähert sich lautlos von hinten dem Gegner und greift ihn an der Schulter. Durch Zug an der Schulter und Tritt in die Kniekehle wird der Gegner in die Rücken-Bodenlage befördert. Abknien hinter dem Kopf des Gegners und Ausholen zum Frontalschlag. Frontalschlag auf das Gesicht des Gegners.

Kommandotechnik mit Combatmesser

Lautlos von hinten nähern, von hinten an die Kante des Stahl-helms greifen und Kopf in den Nacken reißen. Schlitztechnik mit dem Combatmesser am Hals durchführen.

Überwältigung eines Wachpostens

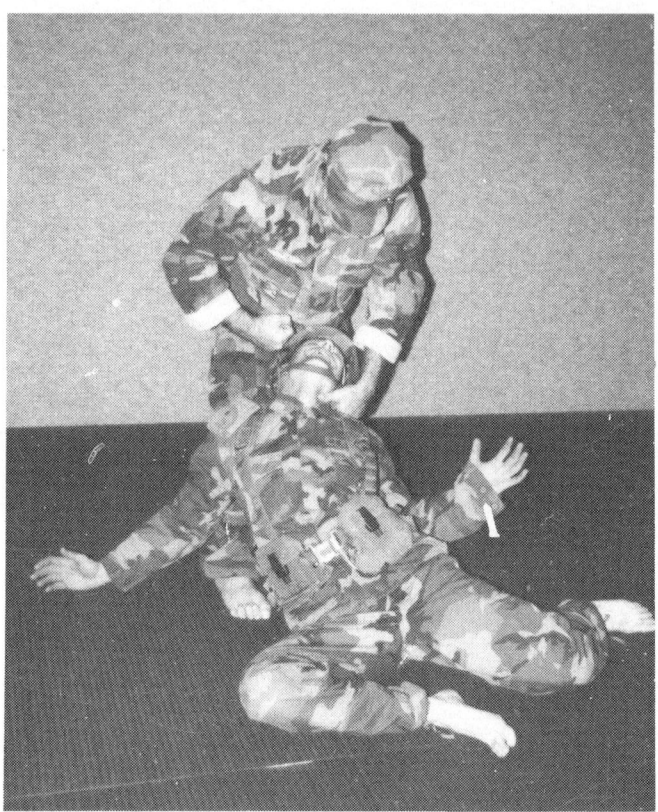

Der Soldat nähert sich dem Gegner lautlos von hinten. Mit der linken Hand greift er zur Kante des Stahlhelms und reißt den Kopf des Gegners nach hinten. Gleichzeitig erfolgt ein Faustschlag oder Handkantenschlag zum Kehlkopf.

Mit dem linken Daumen wird durch Nervendruckpunkt neben dem Kehlkopf die Atmung unterbrochen, die rechte Faust schlägt zur Schläfe des Gegners.

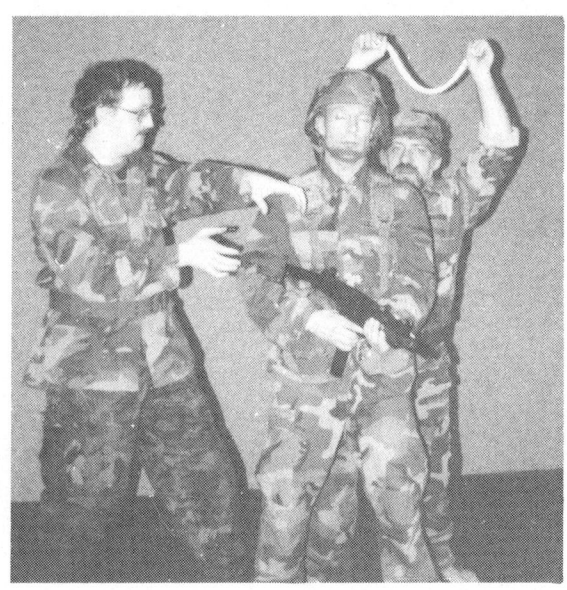

Überwältigung eines Wachpostens mit Hilfe der Combatschlinge

Zwei Soldaten nähern sich lautlos von hinten dem Gegner. Die Soldaten verständigen sich durch Blickkontakt und Handzeichen. Während der eine Soldat dem Gegner die Combatschlinge über den Hals wirft, greift der zweite Soldat zur Waffe des Gegners.

Überwältigung eines Wachpostens

Mit der linken Hand die Waffe kontrollieren. Den Gegner seitwärts herumreißen und das Combatmesser ansetzen. Mit der linken Hand Nase und Mund zuhalten, mit der rechten Hand und dem Combatmesser Schlitztechnik durchführen.

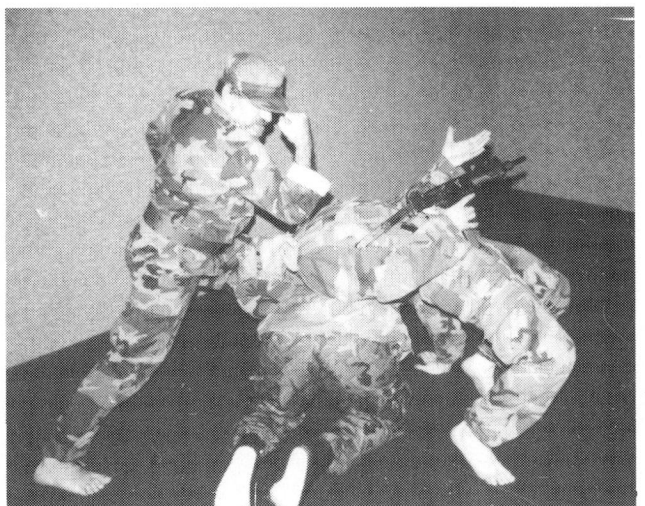

Überwältigung eines Wachpostens

Zwei Soldaten nähern sich dem Wachposten lautlos und mit gleichzeitigen Schritten. Während sich der eine Soldat hinter dem Rücken zur Bank abkniet, reißt der andere Soldat den Wachposten rückwärts aus dem Gleichgewicht. Ein Ellenbogenstoß auf den Kehlkopf des Wachposten beendet die Kommandotechniken.

Messerkampf

Messerangriff blocken und Stich zur Brust des Gegners.
Schlitztechnik rechts und links am Hals durchführen.

Messerkampf

*Seitlich ausweichen und mit Combatmesser am Messerhand-
gelenk blocken. Schlitztechnik quer über den Bauch des Gegners durchführen. Hinter den Gegner treten und Schlitztechnik zur Kniekehle des Gegners durchführen.*

Messerkampf

Messerangriff abblocken.

Schlitztechnik unter die Achsel des Gegners.

Messerstich zum Hals.

Messerkampf

Messerangriff blocken.

Messer von unten nach oben.

Schlitztechnik durchführen.

Ausbildung auf der Nahkampfbahn

1. Die Nahkampfausbildung ohne Waffen findet ihren Höhepunkt auf der Nahkampfbahn. Hier soll der Soldat die bisher erlernten Techniken (Griffe, Schläge, Tritte usw.) im Rahmen einer Gefechtslage anwenden. Zu dieser Ausbildung (Prüfung) ist der Kampfanzug zu tragen:

   Kampfanzug
   Stahlhelm mit Tarnnetz
   Koppeltragehilfe
   Koppel mit Patronentaschen
   ABC-Schutzmaskentasche
   Klappspaten
   G3

2. Auf der Nahkampfbahn ist der Soldat plötzlich in Nahkampfsituation zu verwickeln, die ihn zwingen, blitzschnell zu reagieren und den Gegner zu überwältigen.
   Als Feind sind hier Soldaten einzuteilen, die mit festgelegtem Auftrag anzugreifen haben und den auszubildenden Soldaten so zu entsprechenden Abwehrgriffen zwingen.

3. Ein (nach Möglichkeit zwei) WMA-Ausbilder begleiten den Soldaten auf seinem Weg über die Nahkampfbahn. Die WMA-Ausbilder überprüfen den Soldaten, der hier seine Abschlußprüfung. Außerdem greifen sie in das Geschehen ein, wenn die Kampfsituationen auszuarten dro-

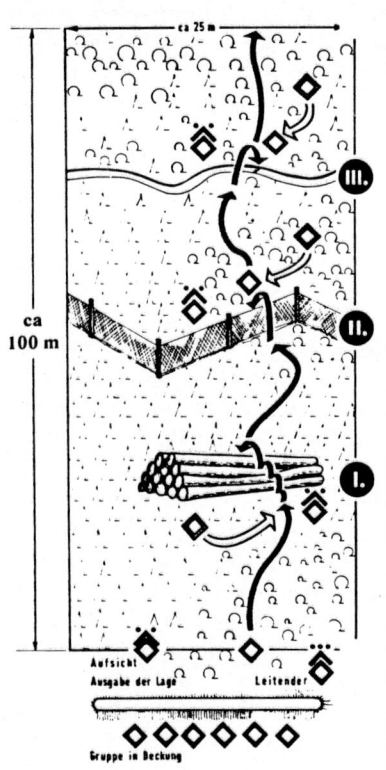

Anhalt für Aufbau und Ablauf einer Nahkampfausbildung ohne Waffen auf einer Nahkampfbahn

	Station I	Station II	Station III
Übungszweck:	Befreiungsgriffe	Abwehrgriffe	Befreiungsgriffe
Verhalten des Feindes:	Taucht plötzlich im Rücken des Soldaten auf, Würgegriff von hinten	Angriff von vorne mit Spaten oder Stock	Feind mit erhobenen Händen, wendet bei Annäherung Umklammerung von vorne an.
Erwartete Abwehr:	Befreiung aus Würgegriff von hinten	Abwehr eines Spaten- oder Stockschlages	Befreiung aus Umklammerung von vorn. Das Hindernis (Bach oder Graben) ist notfalls darzustellen. Breite auf Boden markieren, z.B. mit Trassierband.
Nach Durchführung:	Übungsunterbrechung	Übungsunterbrechung	Besprechung der Übung.

hen (d.h. zu gefährlich werden)

4. Für diese Ausbildung ist ein Gelände auszuwählen, in dem das gedeckte Vorgehen des Soldaten und das überraschende Auftauchen des Feindes möglich ist. Ein welliges, buschwerkbesetztes Gelände mit weichem Boden (Sand, Gras, Moos u.a.) ohne Steine und Baumwurzeln an der Oberfläche ist besondes günstig. Weniger günstiges Gelände muß oft erst zweckentsprechend hergerichtet werden. Je mehr Abwechslungsmöglichkeiten die Nahkampfbahn bietet, desto besser ist sie angelegt.

5. Die Nahkampfbahn soll von jedem Soldaten im Schrittmpo durchlaufen werden. Die übrigen Soldaten dürfen den Ablauf der Übungen nicht beobachten, damit das Überraschungsmoment gewahrt bleibt.

Sicherheitsbestimmungen für die Ausbildung im Nahkampf

Für den Nahkampf ohne Waffen oder mit ungeladenen Waffen bzw. anderen Hilfsmitteln (Gegenstände, die als Waffen im Nahkampf benutzt werden können) gelten die nachstehenden Bestimmungen.

Bei der Nahkampfausbildung auf der Bodenmatte und der Nahkampfbahn:

Die Boden-Übungsmatte soll eine Mindestfläche von 5 m x 5 m haben. Sie ist mit einem Bezug zu überdecken, falls die einzelnen Mattentafeln nicht rutschfest und nahtlos aneinandergelegt werden können. In Ausnahmefällen können Planen von Kraftfahrzeugen beutzt werden, die auf weichen Untergrund (Wiese, Rasen) mit Sägemehl oder Stroh gleichmäßig zu unterlegen sind. An der Oberseite der Plane dürfen sich keine Schnallen oder ähnliches befinden.

Anzugordnung: Kampfanzug, Jacke über der Hose, Taschen leer, Ärmel offen, Hosenbeine locker gebunden, kein Koppel oder Ledergürtel, keine Schuhe. (Mit fortschreitender Ausbildung kann mit Sportschuhen geübt werden) Erkennungsmarken, Brillen, Uhren, Ringe, Halskettchen usw. sind abzulegen, Finger- und Fußnägel müssen kurz geschnitten sein.

Anzugordnung auf der Nahkampfbahn (Geländeausbildung) Vorgeschriebener Kampfanzug, Stahlhelm mit Tarnnetz, Koppeltragehilfe, Patronentaschen, Klappspaten, ABC-Schutzmaske, Kampfmesser. Das G3 ist mitzuführen.

Die Zeichen für Aufgeben des Kampfes muß jeder Soldat beherrschen: STOP-Rufen, oder Abklatschen mit der Hand auf die Matte, den Boden oder Körper. Wird eines dieser Zeichen gegeben, ist der Kampf sofort abzubrechen.

Griffe, Stöße, Schläge oder Stiche gegen empfindliche Vitalpunkte sind nur anzudeuten und nicht auszuführen.

Der Gegner darf beim schulmäßigen Üben nur geringen Widerstand entgegensetzen, damit der auszubildende Soldat die Griffe usw. richtig erlernen kann.

Vor Beginn jeder Nahkampfausbildung ist durch eine vorbereitende Gymnastik der Körper aufzuwärmen und elastisch zu machen. (Vorbeugung von Verletzungen)

Jede Übung ist zu erklären und vom WMA-Ausbilder vorzumachen. Die Soldaten dürfen nur unter ständiger fachkundlicher Aufsicht eines WMA-Combatausbilders üben. Das Üben ohne diese Aufsicht, z.B. in den Pausen ist verboten und zu unterbinden.

Bei jeder Nahkampfausbildung hat ein Sanitäter mit Kfz und vollständiger Sanitätsausrüstung anwesend zu sein.

Die WMA-Ausbilder sind mit Handfunkgeräten auszurüsten. Ggf. kann eine Telefonleitung über die gesamte Nahkampfbahn gelegt werden. Bei der Abschlußprüfung auf der Nahkampfbahn begleitet ein WMA-Ausbilder den jeweiligen Soldaten.

Weitere Sicherheitsmaßnahmen (sofern hier nicht enthalten) können von den WMA-Ausbildern vor oder während der Ausbildung noch festgelegt werden.

Wo kann man das MU SA DO MILITARY COMBAT SYSTEM lernen?

Seit Jahren wird das Konzept des MU SA DO MILITARY COMBAT SYSTEM auf Wochenend-Lehrgängen mit Teilnehmern aus unterschiedlichsten Bereichen der Sicherheitsdienste, wie Polizei, Armee, Bundesgrenzschutz und auch zivillen Interessenten verwirklicht. Das Combatsystem wird also hauptsächlich von den Personen trainiert, die aufgrund ihres besonderen Aufgabenbereiches bestimmte Fähigkeiten lernen und diese in kürzester Zeit erwerben müssen.
Im WMA-Hauptquartier (MU SA DO Schule JOSHI) in 4620 Castrop-Rauxel, Bahnhofstraße 291-293 finden regelmäßig Samstags Intensivlehrgänge in allen vier Lehrgangsstufen des Combatsystems statt. Die Lehrgänge beginnen Samstags um 10 Uhr, dauern sechs Stunden und enden dementsprechend um 16 Uhr. Die Kursusgebühr beträgt für

jede Lehrgangsstufe und je Teilnehmer DM 100,00 (für Mitglieder der SMN Studiengruppe Militärischer Nahkampf nur DM 70,00). Jeder Lehrgangsteilnehmer erhält am Ende eines Lehrgangs eine Teilnehmer-Urkunde und das Emblem des MU SA DO MILITARY COMBAT SYSTEM als Stoffabzeichen zum Aufnähen an den Kampfanzug. Trainer-Lizenzen können erworben werden. Eine der Hauptaufgaben der SMN ist die Ausbildung von Übungsleitern und Trainern im Combatsystem und die Fortbildung derjenigen, die als solche bereits schon tätig sind.
Wann die nächsten Combat-Lehrgänge stattfinden, erfahren Sie über die Geschäftsstelle der WMA
   Herbert Grudzenski
   Lülf Straße 47
   D−4350 Recklinghausen
   Telefon (02361) 8486
Bisher haben alle Lehrgangsteilnehmer die Wirksamkeit des MU SA DO MILITARY COMBAT SYSTEM bestätigt! Was ist mit Ihnen?

Epilog

Trotz modernster Waffen und Waffensysteme sollte auch der waffenlose Nahkampf in der Bundeswehr nicht vernachlässigt werden.

Unverändert von den heutigen Denkweisen, Kriegstechniken und Kriegswaffen hat sich das koreanische Nahkampfsystem bis in unsere Gegenwart durch Überlieferung weniger Meister erhalten können.

Die Wirksamkeit des Systems bei Nahkämpfen im Krieg unter härtesten Bedingungen steht außer Frage.

Ich habe einen Teil meines Nahkampf-Wissens in diesem Buch veröffentlicht und mein Buch wurde für die Soldaten der Bundeswehr geschrieben, denn die Nahkampfausbildung bei der Bundeswehr, sofern sie überhaupt stattfindet, weist erhebliche Lücken auf und ist nicht nur nach meiner Meinung untauglich.

Aber ich möchte auch bemerken, daß am Konzept des MU SA DO Combatsystems weiter gearbeitet wird und jeder, der sich hierfür berufen fühlt, ist herzlich zur Mitarbeit in der Studiengruppe Militärischer Nahkampf eingeladen.

Es bleibt noch zu erwähnen, daß längst nicht alle Techniken, Methoden und Strategien des MU SA DO Systems zum Schutz vor unerlaubten Nachahmungen in meinem Buch veröffentlicht wurden.

Ich wünsche Ihnen beim Studium der Techniken viel Erfolg und hoffe, daß Sie die Techniken nie anwenden müssen. Sollten Sie aber einmal in die Situation kommen, um Ihr Leben kämpfen zu müssen, dann beachten Sie trotzdem den Grundsatz der Selbstverteidigung nach der Verhältnismäßigkeit der Mittel. Wenden Sie diese Techniken im Zivilleben niemals zum Angriff an.

Ein noch so gutes Buch kann allenfalls eine gute und geeignete Lernhilfe sein, aber es ersetzt Ihnen nicht den Lehrer. Daran sollten Sie abschließend denken.

Die beste Möglichkeit, das MU SA DO MILITARY COMBAT SYSTEM zu erlernen, ist die Teilnahme an einem Lehrgang.

Herbert Grudzenski

Der Verlag und der Autor übernehmen keinerlei Verantwortung für Schäden und Verletzungen, die durch unsachgemäße Ausbildung ohne die fachliche Anleitung eines MU SA DO-Instrukteurs entstehenden. Ebenso wird jede Verantwortung für Verletzungen und Schäden, die durch unsachgemäße Ausführung von Techniken, Nichteinhaltung von Sicherheitsbestimmungen etc. entstehen und die in Zusammenhang mit der Ausübung von MU SA DO entstehen, abgelehnt.

Karl-Heinz Dissberger
Verlag und Buchvertrieb
Opladener Str. 11
4000 Düsseldorf 13
Tel.: 0211 / 76 41 40 · Fax : 0211 / 76 41 47

Verehrter Kunde, auf den nachfolgenden Seiten möchten wir Ihnen einen Teil unseres Verlagsprogrammes vorstellen. — Fachliteratur, von qualifizierten Autoren verfaßt, mit aussagekräftigen Fotos und Zeichnungen angereichert.
Kurz: Bücher von Experten für Kenner.
Alle angebotenen Titel sind direkt vom Verlag oder über Ihre Buchhandlung zu beziehen.

Vom Himmel auf die Erde ins Gefecht
- die Fallschirmjäger der NVA

ca. 250 S., 200 Fotos, 70 Skizzen, Format 21 x 20 cm, ISBN: 3-924753-40-7, DM 49,—, Erscheint Dezember 1991

Dieses Buch leistet erstmalig einen Beitrag zur deutschen Wehrgeschichte im Ost-West-Spannungsverhältnis. Die Fallschirmjäger gehörten einst zu den geheimsten Spezialverbänden der NVA und erregten im Westen bald Aufsehen, schon bald rankten sich Gerüchte um die Truppe, wie Einsätze in der Dritten Welt, Ausbildung in Bundeswehruniformen. Nach der Auflösung melden sich ehemalige Kommandeure zu Wort und beschreiben mit westlichen Experten, was einstmals streng geheim war: Einsatzgrundsätze und Ausbildung für den Einsatz im Rücken des 'Klassenfeindes', Alltagsdienst, Uniformierung. Ebenso wird der Einsatz bei den Leipziger Montagsdemonstrationen geschildert.

Überleben als Geisel?

DIN A5, ca. 160 S., ca. 20 Abb. und Fotos, ISBN 3-927280-02-X, DM 32,—, Erscheinungstermin Oktober 1991

Wie würden Sie handeln?

Sie befinden sich an Bord eines Flugzeuges, plötzlich rennen Terroristen durch den Flugzeuggang und bedrohen die Passagiere mit Pistolen, Maschinenpistolen und Handgranaten. Wie würden Sie in dieser Lage handeln, um zu überleben? Ein kalifornischer Sportpsychologe schildert im Kapitel 4, wie er in einer solchen Lage geistige Techniken anwandte, die ihm eine sichere und vorzeitige Freilassung ermöglichten.

Sie sind gerade auf dem Weg zu ihrer Bank, als Sie gerade am Schalter an der Reihe sind, betreten zwei maskierte Männer die Bank und befohlen allen Anwesenden, sich auf den Boden zu legen. Als sie nach dem Geld greifen, ertönt die Alarmsirene. Einer der beiden Gangster reißt Sie vom Boden hoch, würgt sie mit einem Arm und drückt Ihnen mit dem anderen Arm eine Waffe an den Kopf. „Niemand bewegt sich!" schreit er, als er Sie mit aus der Bank zieht. Können Sie in dieser Lage etwas tun? Wie sollte man sich jetzt verhalten? Lesen Sie Kapitel 6, um herauszufinden, ob man kämpfen soll oder ob man sich lieber passiv verhalten soll.

Das letzte Jahr war sehr erfolgreich für sie, sie bekamen ein Amt im Stadtrat. Aber sie bekommen in letzter Zeit Drohbriefe und ihre Kinder berichteten, daß Fremde ihr Haus beobachten. Sie machen sich Sorgen über das Wohlbefinden Ihrer Familie. Lesen Sie Kapitel 10 und erfahren sie, wie ihre Familie sich gegenüber derartigen Gefahren verhalten soll.

Ranger Handbuch

übersetzt von M. Remig, 3. unveränderte Auflage, 166 S., DIN A5, 66 Abb., ISBN 3-924753-01-9, DM 25,—

Dieses Buch wurde von der amerikanischen Infanterieschule als Begleitbuch zur Rangerausbildung zusammengestellt. Die 32 Kapitel enthalten u. a.: Funk-, Sanitäts-, Spähtruppausbildung, Durchführung von Luftlandeoperationen und amphibischen Operationen, Abseilen, Befehlsrichtlinien u. v. m..

Dieses Buch eignet sich für den in Ranger- und Einzelkämpferlehrgängen tätigen Ausbilder, sowie für die auszubildenden und ausgebildeten Soldaten als Unterrichtsgrundlage und Merkhilfe.

Special Forces Handbuch

übersetzt von M. Remig, 3. unveränderte Auflage, 126 Seiten, DIN A5, 123 Abb., ISBN 3-924753-00-8, DM 23,—

Hier wurde erstmalig eine Ausbildungsvorschrift dieser legendären US-Eliteeinheit übersetzt. In 6 Kapiteln werden Grundlagen der militärischen Ausbildungsgebiete Sprengen, Luftlandeoperationen, Waffenausbildung, Fernmeldewesen, Erste Hilfe und Survival aufgezeigt.

Aufgaben und Gliederung, Befehlsschemata sowie Merk- und Umrechnungstabellen sind in 3 weiteren Kapiteln behandelt.

Gefechtstechnik, Band 1

Major Hans von Dach,
236 S., ca. 120 Abb. und Fotos, DIN A5, ISBN 3-924753-09-1, DM 23,–,
lieferbar: Dezember

In dem nunmehr wieder lieferbaren Band 1 dieser bewährten Schweizer Ausbildungsbücher gibt der Major v. Dach einen allgemeinen Überblick über militärische Grundlagen wie Gestaltung des Dienstbetriebes, Ausbildung, Befehlstechnik, Märsche, Gruppen- und Zugführung.

Gefechtstechnik, Band 2

Major Hans von Dach,
304 S., ca. 180 Abb. und Fotos,
DIN A5, ISBN 3-924753-16-6, DM 23,–

In diesem wohl wichtigsten Band aus der Reihe Gefechtstechnik stellt der Autor die militärischen Ausbildungsgebiete Ortskampf, Waldkampf, Kampf um Befestigungen, Kampf im Gebirge sowohl aus der Perspektive des Angreifers und des Verteidigers dar. Wie gewohnt, widmet der Autor besonderes Augenmerk dem Kapitel über die Abwehr subversiver Angriffe.

Werwolf-
Winke für Jagdeinheiten

2. unveränderte Auflage 65 S., DIN A5,
29 Abb., ISBN 3-924753-07-5, DM 16,–

Bei diesem Buch handelt es sich um einen Nachdruck aus dem Jahre 1945. Das Buch war als Ausbildungsgrundlage der Werwolf-Kommandos konzipiert. Dem Interessierten werden die bis heute nahezu unverändert gültigen Grundregeln der Partisanenkriegführung aufgezeigt.
Das Vorwort enthält eine kurze Übersicht über das, was gegen Ende des zweiten Weltkrieges unter dem Namen Werwolf geplant und ausgeführt wurde.